kreimel - österreich 2030

österreich 2030

strategien für die alpenrepublik

hans kreimel

Bibliografische Information der Deutschen Nationalbibliothek
Die Deutsche Nationalbibliothek verzeichnet diese Publikation in der Deutschen Nationalbibliografie; detaillierte bibliografische Daten sind im Internet über http://dnb.d-nb.de abrufbar

© 2011 Hans Kreimel, Melk
Herstellung und Verlag:
Books on Demand GmbH, Norderstedt
ISBN 978-3-8423-4653-6

Inhalt

Vorwort

Österreich im Jahr 2011. Die Bundesregierung beschäftigt sich mit sich selbst. Viele Politiker hängen wie Kasperlfiguren an langen Fäden von Medienkonzernen oder scheinen wie von einem mächtigen Bankenimperium ferngesteuert.

Die Österreicher haben es satt. Jeder weiß, dass uns die Probleme zusehends über den Kopf wachsen. Die Belastungsquote ist eine der höchsten in Europa. Die Regierung denkt überwiegend darüber nach, wie man die Österreicher noch mehr schröpfen kann als endlich effizienter zu arbeiten. Soll heißen: neue oder höhere Steuern. Neuerdings werden uns Steuererleichtungen und eine Steuerreform für 2013 versprochen. Zufällig zur Nationalratswahl. Wie das finanziert wird? Vermutlich mit einem Belastungspaket 2014. Zudem wird bis 2013 unser Pensionssystem scheinbar immer sicherer. 2014 wird es sehr wahrscheinlich wieder unfinanzierbar sein, ein großartiges Pensionsreformpaket geschnürt, das zumindest das System bis zur Wahl 2018 drüber rettet.

Österreich hat eines der teuersten Bildungssysteme und gleichzeitig eines der ineffizientesten. Österreich wettert gegen Atomstrom und deckt sich munter auf dem Energiemarkt mit demselbigen ein. Die Regierung hat eine Mindestsicherung beschlossen, die dazu führt, dass jemand mit 20 Arbeitsstunden pro Woche oft weniger verdient als mit der Mindestsicherung. Die Politik unterhält einen Wust an Selbstbedienungsläden, nur um sich die Gunst bestimmter Gruppen zu erkaufen. Die Günstlinge wissen, dass sie Vorteile auf Kosten der Allgemeinheit genießen und ihr Status nicht ewig aufrechterhalten werden kann.

Rechnungshofpräsidenten im und außer Dienst liefern stapelweise Empfehlungen für eine effizientere Verwaltung unseres Landes, aber die Politik ist beratungsresistent. Doch dieses Dilemma ist selbst gewählt. Noch immer werden Wahlen gewonnen, indem man Leuten Wahlzuckerl verspricht und ihnen Honig ums Maul schmiert. man wundert sich dann, dass nach der Wahl ein Kassasturz folgt und natürlich vollkommen überraschend ein Sparpaket geschnürt werden muss.

Politik beschränkt sich im wesentlichen auf Feuerwehr-Maßnahmen, für langfristige Zielstrategien besteht kein Interesse. Dass das Reparieren oft viel teurer kommt als ein Problem bereits im Keimstadium zu lösen, ist ein bekanntes Übel. Ein Land, das nicht weiß, wo es hin will, darf sich nicht wundern, dass es ganz woanders ankommt.

Was muss sich in diesem Land ändern, dass aus einem arterio-sklerotischen Gebilde ein moderner leistungs- und lern-fähiger Staat wird?

Ich heiße sie jedenfalls herzlich willkommen in einer schönen neuen Welt!

österreich 2030 - eine vision

wir schreiben das jahr 2030. wie sie sicher bemerkt haben, ist die allgemeine kleinschreibung öffentlich akzeptiert. österreich ist ein wirtschaftswunderland geworden. armut und existenzangst sind ausgerottet. die wirtschaft wächst in einem ausmaß, der in den 2010er jahren noch unvorstellbar war. zugleich empfinden die österreicher ihre lebensqualität im europavergleich als besonders hoch.

diese erfolgsgeschichte kommt nicht von ungefähr. obwohl man sich vor der nationalratswahl 2013 noch gegenseitig beflegelt hat, gelang es eine lösungsorientierte vernunftkoalition zu bilden. im unternehmen österreich wurden alsbald alle schwerwiegenden probleme in angriff genommen und abseits ideologischer scheuklappen im sinne der nachhaltigkeit gelöst. den menschen wurde bewusst, dass sie sich nicht mehr länger von märchenerzählern und populisten zur wahlurne treiben lassen wollten. fairness und chancengleichheit, eine mindestabsicherung, leistungsgerechtigkeit und ein vollkommen neuer politischer stil haben ein land positiv verändert. der politiker als herrscher, machthaberer und dampfplauderer hat ausgedient, der politische verantwortungsträger als erbringer einer dienstleistung für gesellschaft und öffentlichkeit hat sich durchgesetzt.

das prinzip "föderalismus" wurde auf seinen ursprung zurückgeführt. jedes problem ist in der hierarchieebene zu lösen, in der es optimal zu lösen ist. geld-, kompetenz- und macht-konflikte zwischen eu, bund, ländern und gemeinden gehören schon längst der vergangenheit an.

9

auch das prinzip der "subsidiarität" wurde neu entdeckt. jeder versucht grundsätzlich, sein problem selbst zu lösen. schafft er es nicht, versucht er es in der familie oder lebensgemeinschaft. gelingt es immer noch nicht, wird die lösung des problems auf kommunaler, regionaler, landes- oder bundes-ebene angestrebt.

hurra, ich gehe in pension

so ein zufall. im jahr 2030 werde ich 65 jahre alt. jetzt wirds allmählich zeit, an die pension zu denken. nicht so wie früher. mit versicherungszeiten, pensionsversicherungsanstalten, hacklerregelung und so. heute kann man in pension gehen, wann man will. man kann dazuverdienen, so viel man will. die pension ist vollkommen steuerfrei, der zuverdienst allerdings nicht. der wird nachbesteuert und führt wiederum zu einer höheren pension.

schon mitte der 2010er jahre hatte man das dynamische pensionssystem eingeführt, das fair, nachvollziehbar, transparent, vom versicherten beeinflussbar, unendlich funktionierend, 100 % finanzierbar und in jedes land der welt exportierbar ist. zurück geht das system auf eine grundlagenstudie von 2010:

Grundlagen-Studie
zur Harmonisierung des österreichischen Pensionssystems

In regelmäßigen Abständen beschließt die öst. Bundesregierung Pensionsreformen. Reformen werden angekündigt, Reförmchen tatsächlich beschlossen. Gerade so viel, um die Kurve bis zur nächsten Nationalratswahl zu kratzen. Das Procedere ist bekannt. Es steht uns in Hinkunft etwa alle vier Jahre, in Hinkunft alle fünf Jahre nach einer Nationalratswahl bevor. Nach der Wahl wird ein Kassasturz veranstaltet, man stellt fest, dass unser Pensionssystem unfinanzierbar ist, die scheidende Regierung schuld ist und dringend reformiert werden muss.

Je nach Wahl sind 40 bis 50 % der Wähler Pensionisten oder haben die Pension in Reichweite. Eine grundlegende Pensionsreform würde für Pensionisten zumindest teilweise spürbar sein. Keine Partei kann es sich erlauben, es sich mit den Pensionisten zu verscherzen. Zudem ist keine Oppositionspartei ernsthaft interessiert, notwendige Verantwortung mitzutragen, geschweige denn in de-facto-Opposition befindliche Regierungsparteien. Im Klartext bedeutet das, dass eine grundlegende langfristige Pensionsreform von politischen Parteien praktisch nicht zu erwarten ist.

Die Harmonisierung stellt eine Chance dar, voraussehbare politische Machtspiele bei Pensionsreformen durch ein transparentes System auf Basis demografischer Grundlagen zu ersetzen.

Grundlagen für eine sinnvolle Harmonisierung

*1. Das neue Pensionssystem muss **transparent und ohne Fachkenntnisse nachvollziehbar** sein. Es muss so konstruiert sein, dass es **"immerwährend"** funktioniert und **100 % finanzierbar** ist. Durchschaubare praktisch unendlich fortsetzbare Systeme können*

*schwer von einzelnen Interessensgruppen und Lobbys missbraucht
werden.*

*2. Das neue Pensionsrecht muss **ausschließlich für alle Österreicher
ab einem gewissen Geburtsjahr** gelten. Dieses Geburtsjahr ist im
Rahmen eines demokratischen Prozesses von der Regierung
festzulegen.*

*3. Das neue System muss **fair** sein. Es darf **keine Ausnahmen** weder
für Exekutivbeamte noch für Schwer- oder Nacht-Arbeiter oder sonst
wen zulassen. Andernfalls wird es binnen einiger Jahre nach langer
österreichischer Tradition wieder nur Sonderregelungen und
Ausnahmen geben. Wo trotzdem ein **Ausgleich** stattfinden soll, muss
der Staat die Entscheidung wie auch die Finanzierung **ausserhalb
des Pensionssystems** sicherstellen.*

*4. Die **Beitragssätze** wie der **staatliche Zuschuss** in das
Pensionssystem ist nach oben prozentuell oder mit einem Fixbetrag
zu begrenzen. Politiker sprechen immer wieder von zu hohen
Lohnnebenkosten und unmittelbar darauf von Beitragserhöhungen.
Beides schließt sich aus. Zudem soll es nicht Aufgabe des Staates
sein, für die Bedeckung von Defiziten in Pensionskassen eigens
Steuern erhöhen zu müssen.*

*5. Jedem Österreicher wird sein einbezahlter Pensionsversicherungs-
beitrag auf seinem **eigenen Pensionskonto** gutgeschrieben. Für
öffentlich Bedienstete erfolgt auch die Anrechnung des
Dienstgeberbeitrages wie bei ASVG-Versicherten. Die Beitragssätze
werden ebenfalls harmonisiert. Die Beiträge verzinsen sich mit einem
jährlich festzulegenden Zinssatz. Der Versicherte erhält einmal
jährlich einen Kontoauszug seines Pensionskontos. Ab einem Alter
von 50 Jahren könnte auf diesem Auszug bereits ein konkretes
Pensionsangebot angeführt sein. Die Kontoführung erfolgt von einer
sog. **Rentenbank** oder **Rentenkasse**, die in einiger Zeit auch die
Berechnung der Pensionshöhe sowie die Pensionsauszahlung*

übernehmen kann.

*6. Es ist zu entscheiden, ob der **staatliche Zuschuss** in das Pensionssystem **auf alle Pensionisten in gleicher Höhe** auszuzahlen ist oder **im Verhältnis zu den Werten aus dem Pensionskontensystem** ausgeschüttet werden soll. Ersteres würde gleichzeitig eine gewisse Mindestpension für alle Österreicher ab z.b. 63 oder 65 Jahren bedeuten. Die Festlegung der Höhe dieser Mindestpension ist eine politische Entscheidung. Letztere Variante würde viele Menschen zu lebenslangen Kunden der Sozialämter machen.*

*7. Jeder Österreicher kann **ab einem gewissen Mindestalter** von zB. 50 Jahren in Pension gehen. Mit der Entscheidung in die Pension zu gehen, wird das angesammelte Pensionskapital durch die Restlebenszeit dividiert. Das Ergebnis entspricht der **Bemessungsgrundlage für die zukünftige Pension**. Die Lebenserwartung soll für Männer und Frauen des selben Geburtsjahres in gleicher Höhe angenommen werden.*

8. Die Inanspruchnahme der Pension sollte daran gebunden werden, dass der tatsächliche durchschnittliche Pensionsbetrag zumindest gleich hoch wie die Mindestpension ist. Wer nie Pensions-versicherungsbeiträge bezahlt hat, wird daher nicht vor Erreichung des 63. Lebensjahres oder später in Pension gehen können.

*9. Der Pensionsberechtigte kann zB. ab 58 Jahre seinen beitragsleistungsbezogenen Pensionsanteil beziehen und zusätzlich ab zB. 63 Jahre seinen staatliche Zuschussanteil. Zudem soll er auch die Möglichkeit haben, seine Pension "**glätten**" zu lassen. In der Praxis wird anhand seiner Lebenserwartung eine einheitlich hohe Pension vom Pensionsbeginn weg errechnet und ausbezahlt. Der Wert wird wiederum als Bemessungsgrundlage ermittelt. Für die Berechnung der **Glättung** ist die geschlechtsspezifische Lebenserwartung heranzuziehen.*

*10. Die zur Verfügung stehenden Pensionsmittel werden durch die Gesamtsumme der pensionsberechtigten Bemessungsgrundlagen dividiert. Das Ergebnis ist der sog. **Steigerungsfaktor**.*

*11. Die **individuelle Pensionshöhe** ergibt sich aus dem Produkt von individueller Bemessungsgrundlage und dem Steigerungsfaktor.*

12. Die demografischen Grundlagen für die Berechnungen werden in einem eigenen unabhängigen Institut für Sozialforschung ermittelt. Die Zusammenarbeit mit bestehenden Organisationen ist empfehlenswert.

*13. Wer nicht seit Geburt die österreichische Staatsbürgerschaft besitzt, wird **anteilig ab Erwerb der Staatsbürgerschaft** den staatlichen Anteil sowie den beitragsbezogenen Pensionsanteil in voller Höhe erhalten. Damit ist eine weitestgehende Behandlungsgleichheit gewährleistet. Es wird angenommen, dass der Eingebürgerte vorher in einem anderen Land eine Pensionsberechtigung erworben hat. Aus diesem Grund wird auch die Mindestpensionsregelung ausgesetzt.*

*14. **Kindererziehungszeiten** sowie **Präsenzdienstzeiten** müssen in gewisser Höhe in den Pensionskonten berücksichtigt werden.*

*15. **Ausserordentliche Belastungen** wie Nacht- und Schwerarbeit sind grundsätzlich durch höhere Löhne oder Zulagen auszugleichen. Höhere Löhne bedeuten höhere frei verfügbare Einkommen sowie höhere Pensionsbeiträge und in der Folge höhere Pensionen.*

16. Für jeden Österreicher (auch bestehende Pensionisten) wird ein Pensionskonto angelegt. Der theoretische Anspruch nach dem neuen System soll den bestehenden Pensionisten auch mitgeteilt werden. Viele werden entdecken, dass ihre bestehende Pension vom neuen Berechnungssystem nur wenig abweicht.

*17. Im Zuge der **Übergangsregelungen** in das neue harmonisierte Pensionssystem sollen bestehende Pensionen **allmählich an die Pensionskontenmethode herangeführt** werden. Wo erheblich höhere Ansprüche im alten System vorhanden sind, soll relativ stärker angepasst werden können. Wo im alten System eine geringere Pension zustünde als nach dem Pensionskontensystem errechnet, soll zumindest keine Kürzung mehr erfolgen.*

Eine allmähliche Anhebung geringer Pensionen aus dem Altsystem auf das Pensionskontenniveau müsste gleichzeitig mit einer stärkeren Kürzung der vergleichsweise erhöhten Ansprüche verbunden sein. Das ist jedoch eine unpopuläre politische Entscheidung.

18. Die allmähliche Heranführung des alten Pensionssystems an das neue harmonisierte führt dazu, dass fünf bis zehn Jahre vor dem Inkrafttreten des neuen Systems die Werte des neuen Pensionskontensystems bereits annähernd erreicht werden.

*19. Da die Pensionsberechnung im wesentlichen auf vorausberechenbaren demografischen Werten beruht, kann sie **relativ weit im voraus berechnet** werden. Nach einigen Jahren Einarbeitungszeit muss eine **Vorausberechenbarkeit von mindestens 30 Jahren mit einer Fehlerquote von max. plus/minus 10 Prozent** gewährleistet sein. Damit ist für jeden 35-jährigen unter annähernder Beibehaltung seines Einkommens seine Pensionshöhe abschätzbar. Der zukünftig Pensionsberechtigte kann rechtzeitig privat vorsorgen. Sollte das nicht in Erwägung gezogen werden, kann man mit ein bis drei Jahre späteren Pensionsantritt seine Pensionshöhe noch einmal erheblich erhöhen.*

*20. Jeder Österreicher soll **bis zu 5 % seines Einkommens steuerbegünstigt** bis zu einer Obergrenze in eine private Pensionsvorsorge einbringen können. Wer mit 30 Jahren diesen Rahmen ausnutzt, bezieht möglicherweise aus seiner privaten Zusatzpension einen höheren Betrag als aus der gesetzlichen.*

*21. Das **Inkasso** und die **Prüfung** der Pensionsversicherungsbeiträge* *kann mit der Finanzprüfung zusammengelegt werden. Eine Prüfungsstelle, die Steuerleistung und Sozialabgabenleistung gleichzeitig überprüft, ist wesentlich effizienter als die derzeit doppelgleisige Prüfung. (Punkt 21 ist teilweise bereits erfüllt!)*

*22. Das neue Pensionssystem ist erheblich **verwaltungseffizienter**. Außer einem umfangreichen Rechenzentrum und einer **überschaubaren Service-Stelle** ist noch der **Kontrollapparat** notwendig. Die Verwaltungskosten können damit auf einen Bruchteil der derzeitigen Kosten gesenkt werden.*

*23. Ein Pensionssystem kann nur sicher sein, wenn es **zumindest in eine Richtung offen** ist. Das Versprechen, jeder Versicherte soll nach 45 Beitragsjahren mind. 80 % seines Durchschnittseinkommen als lebenslängliche Pension erhalten, ist mittelfristig nicht haltbar. Niemand kann in 20 Jahren irgendeine Finanzierungsgarantie im voraus abgeben. Nur ein System beruhend auf der statischen Beibehaltung des Mittelaufkommens mit offener Pensionshöhe, die fair und nachvollziehbar verteilt wird, kann dem heutigen Beitragszahler und zukünftigem Pensionsberechtigten eine gewisse **Sicherheit** bieten.*

*24. Das neue Pensionssystem besteht **aus vielen Säulen**:
a. der staatliche Sockelbetrag als Mindestpension ab etwa 63 bis 65 Jahren
b. der beitragsorientierte Pensionsanteil nach der Pensionskontenmethode
c. zusätzlich bis zu 5 % des Bruttoeinkommens in eine private Pensionskasse einzuzahlen, die im Ablebensfall vollwertig weitervererbt wird.
d. zusätzlich die Möglichkeit, den Abfertigungsbetrag in eine private Pension umzuwandeln.
e. zusätzlich eine private Erlebens-Versicherung abzuschließen
f. zusätzlich ein betriebliches Vorsorgemodell
g. zusätzlich die Option auf eine Pension aus nicht verbrauchten*

Arbeitslosenbeiträgen

Aus der Fülle der Möglichkeiten müssen auch in steueradministrativer Sicht die sinnvollsten Optionen gewählt werden.

*25. Wo es im Ablebensfall zu erheblichen Einschränkungen für den Witwer / die Witwe kommt, soll eine **Witwen-/Witwer-Regelung** aufgenommen werden. Da ohnehin jeder Pensionsberechtigte in Zukunft eine gewisse Mindestpension erhält, wird diese Regelung in erheblich geringerem Umfang als bisher notwendig sein.*

*26. **Ruhensbestimmungen** sind nicht mehr notwendig. Sollte jemand nach Pensionseintritt einer weiteren Tätigkeit nachgehen, beispielsweise eine ehemaliger Arbeiter, der die Glättung seiner Pension nicht in Anspruch nimmt, muss für diesen Erwerb natürlich auch PV-Beitrag abgeführt werden. Am Jahresende wird dieser Beitrag auf dem Pensionskonto nachverrechnet und in der Folge erhöht sich die Pension für die Folgejahre. Damit entsteht eine Art **Altersteilzeit-Modell**.*

*27. Es ist ferner zu überlegen, einen **Pensionsversicherungs-Freibetrag** einzuführen, der für alle Beitragszahler gilt. Damit wird der Schwelleneffekt gegenüber geringfügig Beschäftigten reduziert.*

*28. Um einen kontinuierlicheren Fluss von Beiträgen zu gewährleisten, könnte die **Höchstbeitragsgrundlage jährlich angepasst** werden. Die Höhe dieser Anpassung soll von einem Expertenteam erarbeitet und den politischen Entscheidungsträgern zur Abstimmung vorgelegt werden.*

*29. In einem neuen harmonisierten Pensionssystem müssen **bestimmte Verfahren und Methoden langfristig unveränderbar** und damit zuverlässig für zukünftige Generationen festgelegt werden. Die Politik darf lediglich Feinjustierungen vornehmen.*

*30. Die **Leitung der Rentenkasse** soll von max. fünf Vorstandsmitgliedern übernommen werden. Die Kontrollfunktion soll von fünf bis fünfzehn Aufsichtsratsmitgliedern erfüllt werden. Jede bisherige PV-Organisation soll mind. einen Aufsichtsrat entsenden können. Die Funktion der Vorstandsmitglieder soll öffentlich ausgeschrieben werden. Die Bewerbungen werden von zwei unabhängigen Personalberatungsunternehmen beurteilt, die einen Vorschlag für die Besetzung vorlegen. Als Eigentümer-Vertreter könnte eine österreichische Rentenstiftung fungieren.*

31. Ist keine schlagartige Umstellung auf das neue transparente Pensionssystem möglich, kann eine Rentenbank oder Rentenkasse gegründet werden, in die jede nicht mehr zahlungsfähige Spartenpensionsversicherung eingebracht wird.

32. Das oben angeführte Pensionsmodell ist in jedes Land der Welt exportierbar.

33. Parallel zur öst. Rentenbank besteht die Möglichkeit, eine Servicestelle zur Berechnung von Sozialabgaben und Steuern einzurichten. Arbeitgeber überweisen ca. 25 % des Brutto-Brutto-Einkommens ihrer Mitarbeiter auf ein sog. Sozial- und Steuer-Konto, kurz SUST-Konto. Von diesem werden alle Steuern, Abgaben, Selbstbehalte usw. abgebucht, Sozialtransferzahlungen aufgebucht und der verbleibende Betrag kann wahlweise dem Versicherten am Monatsende ausbezahlt oder auf ein Rentensparkonto des Versicherten überwiesen werden.

Aus Gründen der Textökonomie wurde auf weibliche Bezeichnungen verzichtet. Selbstverständlich beziehen sich die o.a. Bezeichnungen auf Männer und Frauen.

ein pfründeloses pensionssystem war für die österreicher 2013 noch unvorstellbar, heute ist es realität. nach einer umstellungsphase wurde die vielzahl der pensionsversicherungsanstalten abgeschafft. eine einzige abteilung im finanzministerium organisiert nun effizient das pensionssystem.

steuersystem

doch nicht nur das pensionssystem wurde revolutioniert, auch das steuersystem wurde von grund auf neu gestaltet. in den 2000er jahren verwendete man noch hohe steuer- und abgabensätze, die berechnung der lohnnebenkosten war ein buch mit sieben siegeln und man mokierte sich über schwarzarbeit. das ist heute kein thema mehr. machbar war das mit der einführung der all-in-flat-tax. entwickelt wurde das modell mitte der 2000er jahre:

Projekt: All-In-Flat-Tax

betrachtet man die art und weise, wie in österreich einkommen besteuert und belastet wird, ergreift einem ein gewisses schaudern. wahrscheinlich begreifen den sinn dieses systems keine fünf leute. die wahl der bemessungsgrundlage ist unlogisch und nicht aussagekräftig. die berechnung ist äußerst kompliziert. verschiedene einkommen werden unterschiedlich besteuert. grenzsteuersätze von 50 % suggerieren, dass man mehr als die hälfte des jahres ohnehin für den staat arbeitet.

die arbeiterkammer wirbt mit der sprichwörtlichen krot, die man nicht schlucken will. die ekelhaften bilder sorgen höchstens dafür, den begriff arbeiterkammer mit brechreiz zu assoziieren. vielleicht ist das auch nur als eine abhärte-massnahme für das was uns noch bevorsteht, zu verstehen.

die sprichwörtliche krot frisst nicht der einfache arbeitnehmer oder der spitzenverdiener, die wirkliche krot wird von leistungsträgern gefressen, die soviel verdienen, dass sie einkommenssteuer und sozialversicherung gleichzeitig zahlen müssen. diese gruppe wird absolut am meisten gemolken.

die logische antwort auf die derzeitige versklavung des mittelstandes ist
+ die harmonisierung der einkommensbelastung durch steuern und sozialabgaben für alle einkommensarten
+ die nivellierung auf einen einheitlich hohen oder besser niedrigen belastungssatz und
+ die wahl einer sinnvollen bemessungsgrundlage zb. des brutto-brutto-einkommens (bisheriges brutto-einkommen plus sonderzahlungen plus dienstgeberanteil)

bisher kamen zb. auf eur 100,- nettolohn weitere eur 100,- für sonderzahlungen (ca. eur 50,-) und sozialversicherung (ca. eur 50,-). das suggeriert eine abgabenlast von 50 % des brutto-brutto-einkommens. nimmt man das brutto-brutto-einkommen als bemessungsgrundlage und wandelt die sonderzahlungen in reguläres arbeitseinkommen um, beträgt die abgabenlast plötzlich nur mehr 25 %. aus psychologischer sicht schaut das schon viel sympathischer aus.

gelingt es, die belastung von einkommen auf sagen wir neu 25 % zu nivellieren, könnte das belastungsschema dann neu gestaltet werden. zb. die ersten eur 2.000,- pro jahr sind belastungsfrei, der betrag von eur 2.000,- bis eur 6.000,- wird mit 25 % kranken-, unfall- und pflege-(NEU)-versicherungsbeitrag belastet. der betrag von eur 6.000,- bis eur 25.000,- wird mit 25 % pensionsversicherungsbeitrag belastet. über eur 25.000,- fallen 25 % einkommenssteuer bezogen auf das brutto-brutto-einkommen an. die grenzen sind nur modellhaft zu verstehen. die tatsächliche festsetzung erfolgt anhand schwieriger statistischer berechnungen. auch der fixsatz von 25 % steht zur

*disposition. ein splitting auf zb. 22 %
sozialversicherungsbeitragshöhe und sagen wir 27 %
einkommenssteuer ist denkbar. weiters besteht bei der grenze
zwischen pensionsversicherungsgrenze und einkommenssteuer eine
einschleifmöglichkeit.
zusätzliche versicherungsleistungen und lohnnebenkosten sind
ebenfalls einzurechnen.*

*belässt man den ausgangsbeitrag bei eur 2.000,- und passt man die
weiteren grenzen mit der inflation an, wird die bemessungsgrundlage
für die kranken-unfall-pflege-versicherung überdimensional immer
breiter, was den wachsenden kosten auch besser entspricht.*

*mit dieser 25-%-endbesteuerung lassen sich praktisch alle
einkunftsarten in fairer art und weise gleich behandeln.*

da sich steuerflucht und dubiose verlustmodelle nicht mehr
auszahlen, ist das steueraufkommen sogar deutlich höher als
früher. immer mehr menschen macht leistung und erfolg spass.
das gefühl nicht mehr wie von einem parasiten ausgesaugt zu
werden, motiviert viele bürger zusätzlich. auch die dummi-
steuern wurden fast vollständig abgeschafft. von einer dummi-
steuer ist die rede, wenn sie nur die trifft, die ehrlich sind und
ihre steuerpflicht angeben. dass die ehrlichen die dummen sein
sollten, hat sich als nicht zielführend erwiesen.

die neue all-in-flat-tax hatte sich rasch bewährt. genauso wie
das sozial- und steuerkonto, kurz sust-konto. die arbeitgeber
müssen nicht mehr auf eigene kosten kompliziert
lohnnebenkosten errechnen, sie zahlen 70 % des neuen
bruttolohnes dem arbeitnehmer aus und 30 % auf sein sust-
konto. heute sind schon mehr als 40 % der arbeitgeber private.
da die legale beschäftigung mit 5 % steuerfreibetrag des brutto-

lohnes belohnt wird, besteht gar kein interesse mehr an illegalen beschäftigungen. das beschäftigen von mitarbeitern ist übrigens fast so einfach, als wenn sie im internet ein buch ersteigern. auch dieses projekt stammt aus den 2000er jahren:

Projekt: Sozial- und Steuer-Konto, kurz SUST-Konto

jemanden legal zu beschäftigen, ist eine enorm komplizierte angelegenheit. sogar studierte betriebswirtschaftler schaffen es in der regel nicht, jemand ordnungsgemäß zu beschäftigen und den lohn samt abgaben korrekt zu berechnen. angesichts dessen wundert man sich, dass nicht wenige menschen illegal beschäftigt werden.

die berechnung der lohnnebenkosten ist äußerst kompliziert. der mitarbeiter ist einer von ungefähr 27 tarifgruppen der jeweiligen sozialversicherung zuzuordnen. warum das so kompliziert sein muss, versteht eigentlich niemand.

die vision

das beschäftigen von menschen muss so einfach sein wie das kaufen einer leberkäsesemmel beim fleischer.

die antwort

ganz so einfach wie das kaufen einer leberkäsesemmel wird das beschäftigen von menschen wohl nie sein. die ordnungsgemäße abwicklung eines beschäftigungsverhältnisses muss auch überprüft werden können. das setzt voraus, dass die beschäftigung zumindest zu beginn vorangemeldet und nach abschluss bzw. monatsende abgerechnet werden muss.

jeder österreicher bekommt gelegenheit, sich als arbeitgeber anzumelden. für jeden abgewickelten auftrag gibts einen zusätzlichen steuerfreibetrag.

für einen geplanten einsatz eines arbeitnehmers erfolgt eine voranmeldung. herr meier mit der versicherungsnummer 1234/01.01.01 wird im zeitraum von 1.11. bis 15.11. von 7.00 bis 18.00 uhr im ausmaß von ca. 24 h am standort blumenweg 120 in 3390 melk gartenpflegearbeiten erledigen.

nach erfolgter arbeit meldet der arbeitgeber: herr meier mit der versicherungsnummer 1234/01.01.01 hat 27 h gearbeitet, das entgelt beträgt eur 400,-. der betrag von eur 300,- wurde bar ausbezahlt, eur 100,- an abgaben werden auf das sozial- und steuerkonto (SUST-konto) von herrn meier überwiesen. das zugrundeliegende protokoll mit der aufzeichnung der arbeitszeit wird im original an die sust-stelle übermittelt, die durchschläge bekommt jeweils der arbeitgeber und der arbeitnehmer.

das sust-konto dient als verrechnungskonto für die abgabenpauschale (25-30 % des brutto-brutto-betrages), davon werden sozialversicherungsbeiträge, lohnsteuer, lohnnebenabgaben, selbstbehalte, pensionsvorsorge und dergleichen abgebucht und transferleistungen wie zb. das kindergeld, arbeitslosengeld, sozialhilfe, pflegegeld und dergleichen aufgebucht. das sust-konto könnte damit auch das transferkonto ersetzen. der saldo wird am monatsende dem versicherten ausbezahlt. alternativ kann der betrag auch auf ein pensionsvorsorgekonto überwiesen werden.

die führung des sust-kontos erfolgt im bundesrechenzentrum oder einer eigenen abteilung einer bundesbehörde, die keinem oder kaum politischem einfluss ausgesetzt ist.
das sust-konto hat viele vorteile:

+ die abrechnung der lohnnebenkosten entfällt, damit erhebliche kosteneinsparung auf arbeitgeberseite
+ das legale beschäftigen von menschen wird gefördert

+ durch legale beschäftigung ist rechtssicherheit und
unfallversicherungsschutz gewährleistet
+ der lohnsteuerausgleich erfolgt automatisch
+ die besteuerung aller einkunftsarten kann harmonisiert werden
+ legales beschäftigen wird zb. mit einem zusätzlichen
steuerfreibetrag belohnt

im sinne des sust-kontos wären gewisse reformen empfehlenswert:

+ die vereinheitlichung der sozialversicherungstarife
+ die glättung von sozialversicherungsbeiträgen und lohnsteuer auf
ca. 25 bis 30 % zb. in form einer all-in-flattax
+ die zusammenlegung verschiedener sozialversicherungen
zumindest in einige wenige.

die umsetzung

so ein politischer konsens über die einführung eines sust-kontos
möglich ist - durch die bevorstehende dreijährige wahlfreie zeit
könnte sich tatsächlich die politische vernunft zumindest kurzfristig
durchsetzen - könnte im ersten schritt das sust-konto für selbständig
erwerbstätige geöffnet werden. sobald das system funktionsfähig und
belastbar ist, werden im zweiten schritt kleinunternehmer mit bis zu 5
mitarbeitern sowie private arbeitgeber ins system integriert. im
dritten schritt steht das sust-konto dann allen dienstgebern zur
verfügung.

schule

jetzt kann ich jetzt in ruhe mit meiner familie den 65er feiern.
mein enkel tritt übrigens in die schule ein. ist eine tolle
dienstleistungs-organisation geworden. denkt man an die
2000er jahre zurück, wo die lehrervertreter mit besonderer
vorliebe über die wohlerworbenen rechte diskutierten, man ein

besonders teures aber zugleich ziemlich ineffizientes schulsystem hatte, das regelmäßig mit pisa-tests geprügelt wurde. begonnen hatte alles mit dem konzept der neuen agrarschule:

Projekt: die neue agrar-schule 2020 "nas.2020"

das konzept der neuen agrarschule 2020, kurz "nas.2020" ist stellvertretend für alle berufsbildenen schulen beginnend mit der berufsschule bis zur fünfjährigen mittelschule mit matura-abschluss. aufgrund meines persönlichen erfahrungshorizontes wurde das konzept in form der "nas.2020" formuliert.

sympthomatisch ist, dass trotz fachausbildung jeweils nur ein relativ geringer teil der absolventen tatsächlich in den branchen tätig ist, die ursächlich mit dem schultyp zusammenhängen. ein negieren der persönlichen interessen der schüler verbunden mit dem glauben, alle schüler über den gleichen kamm scheren zu müssen, kann mittelfristig nicht sinnvoll sein.

das konzept

die neue agrar-schule 2020, im folgenden "nas.2020" genannt, ist ein dienstleistungsunternehmen, das junge menschen umfassend auf ihr leben vorbereiten soll. umfassend heißt, dass die ausbildung nicht nur auf das produzieren und fachinformationen beschränkt wird.

der "lehrplan" der nas.2020 orientiert sich im wesentlichen an den bedürfnissen der schüler und absolventen. in regelmäßigen abständen werden absolventen und deren dienstgeber um feedback gebeten. welche lehrinhalte können gut umgesetzt werden? welche lehrinhalte werden vermisst? welche kompetenzen soll ein absolvent mitbringen? anhand des ergebnisses wird jahr für jahr das lehrangebot adaptiert.

die nas.2020 vermittelt neben fachwissen die fähigkeit der wissensbeschaffung und -verarbeitung, persönlichkeitsbildung, bewusstseinsbildung, aktuelles allgemeinwissen und den erwerb von fähigkeiten, die mit den jeweiligen sachgebieten verknüpft sind.

*die nas.2020 orientiert sich an **muss-, soll- und kann-lehrzielen**. welche fähigkeiten und kenntnisse muss, soll oder kann ein absolvent erwerben? am vormittag werden vorwiegend die muss-lehrziele verfolgt, nachmittags die soll-lehrziele, nachmittags und abends vorwiegend die kann-lehrziele. lehrinhalte können innerhalb der lehrzielbereiche wechseln. ein neuer lehrinhalt aufgrund eines absolventenwunsches kann zuerst ein kann-lehrangebot sein, dann zu einem soll-inhalt werden und später vielleicht auch teil des muss-bereichs.*

*die grundinformation zu tierhaltung ist ein muss-lehrziel, die fachausbildung schweinehaltung zb. im ausmass eines nachmittags pro woche für die dauer eines schuljahres ist ein **soll-lehrziel**. die fachausbildung ist jahrgangsübergreifend und kann von allen schülern zb. ab dem zweiten oder dritten jahrgang absolviert werden. das angebot der fachausbildungen ist nachfrageabhängig. ein fachseminar "weinbau" könnte so auch nur alle zwei bis drei jahre angeboten werden. fachseminare können auch mit projektpartnern umgesetzt werden. das fachseminar "bio" könnte zb. von bio-austria unterstützt und oder organisiert werden.*

fachseminare sollten nur von tatsächlich interessierten gebucht werden. uninteressierte mitzuschleppen ist sinnlos. dadurch ist ein entsprechend höheres ausbildungsniveau erreichbar. eine möglichst optimale kombination von theorie und praxis ist anzustreben. das fachseminar "obstbau" wird etwa einmal pro monat in einer obstanlage mit praktischer tätigkeit kombiniert. die absolventen erleben somit alle tätigkeiten in einer obstanlage im jahreskreis. fachseminare können auch unterjährig zb. für 2 monate oder ein halbes jahr oder einen nachmittag pro monat angeboten werden. eine "verzahnung" verschiedener fachseminare ist möglich.

das fachseminar schweinehaltung "fs.schwein" kann gleichzeitig als fachhochschul- oder kolleg-ausbildung, als zusatzausbildung für boku-absolventen oder schweinefachtierärzte, für maschinenring-stallprofis und absolventen auch von anderen landwirtschaftlichen schulen angeboten werden. das fs.schwein wird von einem tierzuchtlehrer, einem tierarzt sowie 2 bis 3 praktikern organisiert. organisationen wie zb. die vös verband österreichischer schweinebauern könnten die patronanz für den lehrgang übernehmen.

da man im schulalter häufig noch nicht wirklich weiss, was man will, ist eine interessensfindungsphase sinnvoll. in dieser phase verfassen die schüler ihre eigene lebensvision und konkretisieren anhand dieser ihre beruflichen entwicklungsziele. anhand dieser entwicklungsziele buchen die schüler die jeweils benötigten fachseminare. wenn jemand sich zb. in richtung bauberatung für rinderställe entwickeln will, kann er die fachseminare "beratung, schulung, training", "rinderhaltung" und "baupraxis" absolvieren.

als fachseminare sind z.b. denkbar:
+ ackerbau-praxis allgemein
+ ackerbau-alternativen
+ gemüsebau
+ obstbau
+ weinbau
+ biolandbau
+ forstpraxis
+ unternehmerpraxis: 1 bis 4 bäuerliche unternehmer arbeiten aktuelle problemstellungen auf
+ rinderhaltung
+ schweinehaltung
+ geflügelhaltung
+ tierische alternativen

+ *baupraxis*
+ *beratung - schulung - training*
+ *management-praxis + motivationstheorie*
+ *kommunikationspraxis (reden - diskutieren - argumentieren -*
verhandeln)
+ *landtechnik-praxis*
+ *zeit- und innovationsmanagement*
+ *angewandte psychologie + menschenführung*
+ *vereins- und gemeinschafts-management*
+ *kommunalmanagement*

für die durchführung sind rahmenbedingungen wie mindest- und maximal-teilnehmer-anzahl zu definieren.

neben den soll-lehrzielen gibt es **kann-lehrziele**. *die schüler haben die möglichkeit,*
+ *zusatzqualifikationen zu erwerben, zb. das latein für ein weiterstudium*
+ *ihr bewusstsein (auf legale weise!) zu erweitern*
+ *neue interessen zu entwickeln*
+ *ein speed-reading-seminar buchen*
+ *sich mit themen wie glück und beziehung auseinandersetzen*
+ *neue sportarten probieren*
+ *theater spielen*
+ *sich in einem club mit aktuellen themen auseinandersetzen*
+ *ein strategieseminar besuchen*
+ *dem kochklub beitreten*
+ *einer selbsterfahrungsgruppe beitreten*
+ *sich mit themen wie sicherheit und gesundheit auseinandersetzen*
+ *ein konflikttraining absolvieren*
+ *sich mit haushaltsmanagement auseinandersetzen (2/3 der absolventen werden einen erheblichen teil ihres lebens einen single-haushalt führen, respektive mit einer/m partnerIn zusammen sein, die/der nichts mit haushalt am hut hat)*
+ *ein journalistik-seminar besuchen*

+ seminare anderer anbieter wie zb. wifi, landjugend u.a. können adaptiert angeboten werden

aufgrund des variablen angebots werden sich schüler verschieden engagieren. rund 40 % der jugendlichen sind leistungsorientiert, sie werden das soll- und kann-angebot umfangreich nutzen. weitere ca. 40 % sind wohlstandsorientiert, sie werden kaum mehr als das mindestprogramm absolvieren. insbesondere für jene, die beginnen, mit der herausforderung über sich selbst hinauszuwachsen, ist die nas.2020 eine einmalige chance. und von irgendwo müssen die exzellenten persönlichkeiten im jahr 2040 ja herkommen.

summa summarum soll das stupide auswendigsaugen (-lernen) mit anschließendem möglichst raschem wiedervergessen der vergangenheit angehören. im gegenzug wird theorie-input möglichst mit der praxis verknüpft. welche praktischen auswirkungen hat eine information? wie kann ich die information nutzen? inwieweit kann ich eine information in einer konkreten fallstudie umsetzen?

besonderer bedeutung kommt dem praktikeranteil innerhalb der referenten und lehrer zu. die lehrbeauftragten sollten in den bereichen, die sie lehren auch berufliche erfahrung vorweisen können. wer zb. obstbau unterrichtet, sollte auch praktischer obstbauer sein. es geht grundsätzlich darum, etwa 1 bis 2 % der besten praktiker in die ausbildung junger menschen zu integrieren. ausbilder sind auch wichtige identifikationsobjekte für junge menschen. es wäre schlimm, wenn sich junge menschen nur mit menschen identifizieren könnten, für die ihre wohlerworbenen rechte im vordergrund stehen.

*in der nas.2020 werden nicht nur schüler beurteilt. am ende des schuljahres bekommen auch **lehrerInnen** und **fachreferentInnen** ihr **feedback**. beurteilt werden zb. fachkompetenz, lehrinhalt, unterrichtsqualität und fairness. anhand dieser rückmeldung können auch notwendige personelle änderungen folgen.*

im jahr 2020 werden öffentlich bedienstete möglicherweise über eine
bundesbeschäftigungsagentur *beschäftigt. sie sind dann im*
finanzamt, in bezirksverwaltungsbehörden oder in schulen tätig.
durch die beschäftigung bei der bundesbeschäftigungsagentur wird
ein auswechseln von sichtlich überforderten oder wenig motivierten
pädagogen in andere bereiche erleichtert. andererseits können bei
mangel von spezialreferenten von anderen bundesbehörden
mitarbeiter ganz oder teilweise in den schuldienst einwechseln.

das konzept nas.2020 ist für ein- bis fünf-jährige
landwirtschaftsschulen gedacht und adaptierbar. manche inhalte
mögen visionär sein, andere vielleicht auch kurzfristig umsetzbar
oder bereits in ansätzen vorhanden. unabhängig wohin und wie weit
ein weg geht, er beginnt immer mit dem ersten schritt.

nachdem es gelang, das prinzip der neuen agrarschule
erfolgreich im agrarischen schulwesen zu implementieren, war
es eigentlich nur mehr ein kleiner schritt, das prinzip auch in
der flexiblen gesamtschule umzusetzen.

Projekt: flexible gesamtschule

jahrzehntelang streiten die gelehrten über das beste schulsystem.
unbefriedigende ergebnisse bei pisa-studien, hoher aufwand und
parteipolitisches geplänkel tun ihr übriges. die flexible gesamtschule
vereint die vorteile des alten schulsystems sowie der gesamtschule
und der gemeinsamen schule der 10 bis 14-jährigen.

die flexible gesamtschule versteht sich als bildungsunternehmen, das
sich schwerpunktmäßig mit der vermittlung von praktisch
umsetzbarer bildung und betreuung von kindern und jugendlichen
beschäftigt.

die flexible gesamtschule bietet nachfrageorientiert grundsätzlich betreuung von 7.00 bis 18.00 uhr. die rahmenschulzeit dauert von 8.00 bis 16.00 uhr. davor und danach ist ein zusätzliches betreuungsangebot gegeben. die rahmenschulzeit unterteilt sich in muss-, soll- und kann-lehrzeit. während der muss-lehrzeit in der regel vormittags ist anwesenheitszwang. das soll- und kann-lehrangebot ist modular aufgebaut, anmeldepflichtig und freiwillig.

im zuge der nachmittagsbetreuung können ...

... hausaufgaben gemacht werden,
... förderunterricht in anspruch genommen werden,
... musikinstrumente erlernt werden,
... sportarten ausgeübt werden,
... hobbys entwickelt und gepflegt werden,
... soziales lernen entwickelt werden,
... diverse clubs angeboten werden,
... talente gefördert werden,
... ein blick in die berufswelt (insbesondere mangelberufe) geworfen werden,
... eine höherqualifizierung auf mittelschulreife angeboten werden u.a.

der phantasie ist da keine grenze gesetzt, der praxis leider schon.

manche angebote lassen sich im regulären unterricht unterbringen. einzelne leistungen dürfen auch kostenpflichtig sein. viele freizeitaktivitäten, die bisher außerschulisch gesetzt werden, sind ja ebenfalls mit finanziellem aufwand verbunden.

im kann- und soll-bereich können möglicherweise auch berufspraktiker ihr wissen einbringen. ein installateur stellt seinen beruf und wichtige einfache tätigkeiten vor. wie repariere ich eine einfache verstopfung meines waschbeckens? was muss ich beim wechseln einer glühbirne beachten? worauf muss ich bei der arbeit *mit einer motorsäge achten? kinder sind im alter von 10 bis 14 sehr für praktische tätigkeiten empfänglich.*

das permanente abendliche lernen von 18.00 bis 21.00 uhr sollte der vergangenheit angehören.

die weiteren schritte ...

für die umsetzung des konzeptes der "flexiblen gesamtschule" ist ein grundsätzlicher politischer konsens notwendig. danach steht die suche von modellschulen an, die bereit sind, erfahrungen mit der umsetzung des neuen schultyps zu machen. gesetzliche begleitmassnahmen sind notwendig. nach drei bis fünf jahren soll ein instrumentarium für weitere 10 bis 20 % der schulen angeboten werden können. erst im dritten schritt nach weiteren 2 bis 3 jahren sollte die flexible gesamtschule vollflächig in österreich angeboten werden.

wenn es gelingt, für den begriff "gesamtschule" einen adäquaten zu finden, wäre es sogar möglich, dass die övp dem konzept zustimmt.

besonders bewährt sich heute das fach "konflikt-management" bei den 14-jährigen. zum einen sind sie der pubertät ziemlich entwachsen, zum anderen sind sie so weit in der lage, auch erziehungsthemen aus eigener erfahrung aufzuarbeiten. das fach ist zudem gut geeignet, beziehungskonflikte zu durchleuchten. es gibt noch keine studien, man erwartet jedoch eine senkung der scheidungsraten um mindestens fünf prozent innerhalb der nächsten 10 jahre. auch die veränderung bei konflikt-verursachten erkrankungen soll wissenschaftlich beobachtet werden.

die survival-ausbildung findet bei immer mehr kids großes interesse. einmal ganz ohne strom, fertiggerichte und allen annehmlichkeiten der modernen zivilisation zu leben erfordert wieder alte kulturtechniken zu erlernen. der umgang mit feuer vom anheizen bis zum kochen oder heizen, das sammeln von holz, schaffen einer schlafstelle, der umgang mit kälte, wäschereinigung, körperpflege u.dgl., immer mehr menschen fürchten den verlust bestimmter selbstverständlichkeiten in notsituationen. der angst, mit einer solchen situation nicht umgehen zu können, wird bewusst entgegengetreten. manche sehen die survival-ausbildung als eine gegenstrategie zur verweicheierung der gesellschaft.

schüler von heute weisen eine enorme wirtschaftskompetenz auf. sie entwickeln ihre eigene lebensstrategie, planen ihre ausbildung und entscheiden bewusst zwischen selbständiger und unselbständiger beschäftigung. in praxisbeispielen können beide seiten aktiv erlebt und erfahren werden. ein schüler schreibt einmal eine bewerbung für eine anstellung, ein ander mal ist er personalchef, muss über eine anstellung oder eine kündigung entscheiden.

übrigens haben die lehrer das schulsystem so weiter entwickelt, dass es heute eines der modernsten und effizientesten ist. unter dem hohen druck der öffentlichkeit haben sich die konstruktiven kräfte durchgesetzt. die bewahrer und verhinderer haben der schule den rücken gekehrt. das hat die einführung der bundesbeschäftigungs-agentur erheblich erleichtert. die kompetentesten 5 % der österreicher sind damit besser in das schulsystem integrierbar, die wenig motivierten mitarbeiter können schneller mit anderen aufgaben betraut werden. das konzept dazu stammt ebenfalls aus den 2000ern:

projekt bundesbeschäftigungsagentur (BBA):

öffentlich bedienstete werden über die BBA beschäftigt und arbeiten dann als lehrer, gemeindebedensteter, auf ämtern und behörden. bei entsprechender qualifikation ist ein ein- und auswechseln in andere dienststellen möglich. eine frau mit wohnsitz in melk land und arbeitsplatz in wien kann bei bedarf nach der babypause auf der örtlichen gemeinde arbeiten. wenn die kinder aus dem haus sind, kann die frau zb. in st. pölten arbeiten. entsprechende nachfrage und eignung vorausgesetzt. ein gerichtsmitarbeiter kann zb. in einer mittelschule rechtskunde unterrichten. ein offensichtlich überforderter lehrer kann die zeit bis zu seiner pensionierung in einem öffentlichen amt oder einem sozial-projekt arbeiten. ein mitarbeiter der ages kann biologie in einer lebensmitteltechnologie-schule unterrichten - "post meets polizei" generell.

ähnlich wie bei der einführung der bundesbeschäftigungs-agentur hatte auch die installierung der verwaltungseffizienz-kommission viel politischen widerstand insbesondere in der öffentlichen verwaltung verursacht. letztendlich konnte das prinzip des lernenden staates erfolgreich umgesetzt werden. zufällig wurde das modell dazu bereits seit anfang der 2000er jahre u.a. auf ideenreich.at diskutiert:

Projekt: Verwaltungseffizienz-Kommission

Seit 20 oder mehr Jahren wird über die Reform unserer Verwaltung diskutiert. Der Versuch mittels einer Verwaltungsreformkommission eine sinnvolle Reform auf die Beine zu stellen, war eigentlich schon von vornherein zum scheitern verurteilt. Kennen Sie einen Zahnarzt, der sich selbst einen Zahn zieht? Die Beteiligten orientierten sich hauptsächlich daran, Macht zuzugewinnen als sinnvoll zu organisieren. Die Diskussion betreffend der Übertragung der Schulkompetenz auf Landesebene ist symptomatisch. Ob die Länder dann auch die Verantwortung für das regelmäßig bestenfalls durchschnittliche Abschneiden bei PISA-Tests übernehmen und damit glücklich werden, darf bezweifelt werden.

Das föderale System in Österreich ist nicht grundsätzlich schlecht. Strukturen entwickeln sich und wachsen mit ihren Aufgaben. Auf das Zurückbilden nicht mehr sinnvoller Strukturen wird gerne verzichtet. Hier kommt die öffentliche Hand ihrer "Eigentümerverantwortung" nur schleppend wenn überhaupt nach.

Die Stärke des föderalen Systems ist, dass jedes Problem auf der Ebene gelöst werden kann, auf der es sinnvoll lösbar ist. Ein Problem kann vom Individuum am besten gelöst werden, ein anderes in einer familären oder familienähnlichen Struktur, ein weiteres in einem Dorf oder einer Siedlung, in einer Gemeinde, in einer Region, in einem Bundesland, österreichweit, im mitteleuropäischen Zentralraum, auf EU-Ebene oder weltweit. Je weiter unten ein Problem gelöst werden kann, umso sinnvoller, je weiter oben, umso komplizierter kann es werden. Das Prinzip der Subsidiarität bewährt sich nicht nur im Genossenschaftswesen.

Der Fehler in der aktuellen Diskussion über die Reform der öffentlichen Verwaltung ist die Auffassung, man könne mit einer Einmal-Maßnahme einen großen Reform-Wurf landen. Innovation und Erneuerung ist wie in der Wirtschaft keine Einmalaktion, sondern ein kontinuierlicher Prozess. Innovation ist auch Chefsache, erledigt wird sie jedoch von Spezialisten. Eine Reform des öffentlichen Dienstes ist daher nicht primär Aufgabe der Prölls und Faymanns und Häuptls, sondern von nicht-betriebsblinden Fachkundigen in jedem Bereich. Da gibt es Profis für ein schlankes harmonisiertes Pensionssystem, für eine sinnvolle Gesundheitsversorgung, für eine Verwaltungsentlastung von Unternehmen und dergleichen.

Die Lösung des Reformproblems bietet die Begründung einer ständigen Verwaltungseffizienz-Kommission. Sie könnte rechtlich ähnlich dem Bundes-Rechungshof fungieren, aber auch als Teil des Rechnungshofes. Die enge Zusammenarbeit mit dem Rechnungshof ist jedenfalls sinnvoll, da aus diesem eine große Anzahl an Reformvorschlägen kommt.

Aufgabe der Effizienzkommission ist es,
+ die Rechnungshofvorschläge zu konkreten Reformkonzepten aufzubereiten
+ ständig die Verwaltung auf ihre Effizienz zu überprüfen
+ die Folgen von Gesetzen abzuschätzen, bevor sie beschlossen werden
+ ineffiziente Strukturen nach dem Prinzip des Business-Reengineerings neu zu gestalten
+ Grundlagenarbeit nach dem Prinzip des Benchmarkings zu liefern, um sinnvolle Entscheidungsprozesse zu unterstützen
+ Best-Practise-Modelle zu filtern und in der Zielgruppe zu kommunizieren
+ als Anlaufstelle für Menschen aus den betroffenen Strukturen zu dienen, die einen Beitrag für eine effizientere Verwaltung leisten wollen

Politiker haben Interessen. Eins der wichtigsten ist wieder gewählt zu werden. Niemand gibt gerne und freiwillig Macht ab, auch wenn es logisch sinnvoll und vernünftig wäre. Bei entsprechend ausgegorenen und ausgewogenen Reformvorschlägen einer nicht-partei-politischen Organisation wäre eine breite Zustimmung auf Bundes- und Landesebene durchaus möglich.

sympthomatisch für die arbeit der verwaltungs-effizienz-kommission ist zb. die abschaffung der veröffentlichungen der firmenbuchgerichte im amtsblatt der wiener zeitung. mit einem schlag wurden firmenbuch-mitteilungen auf ein öffentliches online-firmenbuch umgestellt. die wiener zeitung hatte das allerdings nicht überlebt.

bundesheer

eines der ersten und erfolgreichsten projekte der verwaltungs-effizienz-kommission war die bundesheer-reform von 2015. wurde anfangs über die abschaffung des präsenzdienstes diskutiert, wohl wurde das thema für eine wien-wahl missbraucht, war die umwandlung in ein reines berufsheer nie mehrheitsfähig. aus der unklaren situation wurde eine stärken- und schwächenanalyse sowie eine bedarfsanalyse erarbeitet. herausgekommen ist eine relativ kleine kern-heeres-truppe, ein katastrophen-dienst und ein sozial-dienst, der von den jungen dienstleistern frei gewählt werden kann.

für systemerhalter-funktionen im heer werden heute übrigens schwer vermittelbare arbeitskräfte angeworben. der katastrophen-dienst sieht regionale feuerwehr-einsatztruppen vor. man entdeckte, dass während der normalarbeitszeit viele feuerwehren nicht mehr voll einsatzfähig waren, insbesondere wenn die meisten aktiven untertags auspendeln mussten. die präsenz-feuerwehr-truppe wird auf unterabschnitts- oder abschnittsebene installiert und ist wochentags täglich von 7.00 bis 17.00 uhr einsatzfähig.

die präsenz-feuerwehr-truppe kann ganz oder teilweise auch für überregionale katastrophen herangezogen werden. ein teil der truppe ist übrigens weltweit bei katastrophen einsetzbar. man stellte fest, dass die erde in weniger als 10 minuten mit atomwaffen zerstört werden kann, bei schweren erdbeben dauerte es aber bis zu 14 tage, bis man die menschen einigermaßen versorgen konnte. so wurde die idee einer weltweiten ersteinsatztruppe geboren. ziel dieser einsatztruppe ist das absetzen von ersthelfern mit fallschirmen und notwendiger grundausstattung wie zb. einem satellitentelefon binnen 24 stunden, die sichtung der lage, anforderung bestimmter dringender hilfsgüter und abwurf der güter binnen weiterer 24 stunden. in einer uno-resolution wurde beschlossen, dass alle länder der erde einen gewissen prozentsatz ihrer militär-ausgaben und -infrastruktur für diese inzwischen weltweit bewährte ersthilfetruppe zur verfügung stellen. koordination und leitung werden vom öst. uno-sitz organisiert.

im sinne der gleichbehandlung von männern und frauen wäre ein verpflichtender sozialdienst für frauen logisch, allerdings politisch nicht durchsetzbar. niemand kann auf die stimmen junger frauen bis 30 verzichten. so wurde ein freiwilliger sozialdienst mit schwerpunkt kinderbetreuung, einsatz im rettungswesen und pflege in verbindung mit einem entsprechenden entgelt eingeführt. für bestimmte berufe und leistungen zb. die beschäftigung im öffentlichen dienst oder ein studium ist dieser sozialdienst verpflichtend. er wird als pflichtpraktikum angerechnet.

verkehr

nutzt das heer und die hilfstruppe noch klassiche antriebstechnik auf fossiler basis, basiert der personen-individual-verkehr schon zu mehr als 80 % auf elektrischem antrieb. neben e-fahrzeugen hat sich das olefaz-system inzwischen bestens bewährt. wurde es anfangs lange ignoriert, fand man im fernen osten plötzlich gefallen für die idee aus österreich. erst jahre später hielt das olefaz auch in europa einzug. heute ist es aus dem städtischen verkehr nicht mehr wegzudenken.

OLEFAZ – das oberleitungsgebundene Elektrofahrzeug-Verkehrssystem "Stadtautodrom"

Szenario 1 – die Mars-Kommission

Wir schreiben das Jahr 2010. Wie erst heute bekannt geworden besuchte in der Vorwoche eine Delegation des Verkehrs- und Stadtplanungsministeriums vom Mars die Stadt Wien, um sich über moderne städtische Verkehrskonzepte zu informieren. Die Mitglieder der Delegation dürften allerdings etwas enttäuscht worden sein. Man stellte fest, dass der öffentliche Raum in Städten auf der Erde in der Regel von großen bunten teilweise verglasten fahrenden Blechdosen dominiert wird. Sie sind bis zu zwei Tonnen schwer und befördern meist nur eine Person. Wobei befördern ein anzustrebender Zustand ist, denn meist stehen diese Dosen auf sog. Parkplätzen oder im Stau. Zudem stinken diese Dosen, sie verursachen Staub und sind ungewohnt laut. Die Einwohner bewegen sich vornehmlich auf schmalen Streifen, auch Gehsteige genannt, in grünen Reservaten (die sie in der Regel mit Hunden teilen) und unter der Erde.

Der öffentliche Raum in Ballungsgebieten wird überwiegend für Verkehrszwecke genutzt. Kraftfahrzeug-Verkehr dominiert. Verkehrsplaner optimieren Verkehrsflüsse. Motorenentwickler senken Verbrauch und Abgaswerte, Fahrzeugentwickler reduzieren die Lärmentwicklung. Durch zunehmende Kilometerleistungen, steigende Fahrzeuggewichte und zusätzliche Ausstattungen wie zB. Klimaanlagen werden viele theoretische Fortschritte wieder zunichte gemacht. So gut viele Problemlöser in ihrer Disziplin arbeiten, macht sich kaum jemand Gedanken über die insgesamte Sinnhaftigkeit unserer derzeitigen Verkehrslösungen.

Bedingungen für ein neues visionäres Verkehrssystem

+ Reduzierung des Fahrzeuggewichtes auf ein Minimum
+ Verzicht auf eine mobile Energiequelle wie Benzin, Diesel, Gas und Strom aus Batterien
+ hocheffizienter Antrieb, nach derzeitigen Erkenntnissen im Idealfall Elektroantrieb
+ Kompatibilität mit vorhandenen Verkehrssystemen
+ automatische Zielfindung und Ansteuerung mittels Telemetrie
+ Erhaltung bzw. Erweiterung des öffentlichen Raumes als unmittelbarer Lebensraum für den Menschen
+ Uneingeschränkte Erreichbarkeit nach wie vor für Einsatzfahrzeuge und Infrastrukturfahrzeuge (zb. Müllabfuhr, Paketdienst usw.)

die Vision

Auf einer eigenen Verkehrsebene wird ein autodrom-ähnliches Verkehrsnetz errichtet. Das Gerüst kann in Stahl- wie in Holzbauweise errichtet werden. Zumindest der Boden (Masse) und die Decke (stromführendes Netz) müssen in leitfähigem Metall gestaltet sein. Eine volle Einhausung ist zumindest im Winter sinnvoll. Das Netz ist modular aufgebaut und kann dementsprechend erweitert werden.

Technische Anforderungen wie Betriebsspannung, Motorleistung, max. Fahrzeuggewicht, anzustrebende Fahrzeuggeschwindigkeit und dergleichen sind in wissenschaftlichen Untersuchungen zu optimieren.

Der verbleibende Raum unter der neuen Verkehrsebene bleibt Fußgehern, Radfahrern, Rollstuhl- und E-mobil-Fahrzeugen für Gehbehinderte, Einsatz- und Infrastrukturfahrzeugen sowie

40

Fahrzeugen, die größere Lasten transportieren als im OLEFAZ-Netz zulässig ist. Es muss nach wie vor möglich sein, eine Wohnung zu sanieren, Beton zu liefern oder Bauschutt abzutransportieren. Fußgeher und Radfahrer genießen unter dem neuen Netz Schutz vor Niederschlägen.

In manchen Fällen kann es sinnvoll sein, vom ersten Stock eines Gebäudes direkt einen Steg zu einer OLEFAZ-Anschluss-Stelle zu errichten. Anschluss-Stellen sind grundsätzlich mit einer Aufstiegsmöglichkeit, in der Regel einer Stiege, verbunden. An Stellen mit höherer Passagierfrequenz ist auch die Errichtung eines Aufzuges sinnvoll.

Szenario 2 – Herr Meier fährt zur Arbeit

Herr Maier wohnt in einer Eigentumswohnung in Wien Favoriten. Erst kürzlich wurde auf Betreiben des Liegenschaftsverwalters das Stiegenhaus im ersten Stock direkt an das OLEFAZ-Netz angebunden. Herr Meier fährt mit dem Lift in den ersten Stock und betritt über eine feuersichere Tür den Zugangssteg zur Verkehrstrasse. Unmittelbar nach Drücken der Holtaste nähert sich ein OLEFAZ-Fahrzeug. Herr Meier setzt sich, hält seinen Identifikationschip auf die Lesefläche, um ihn einlesen zu lassen. Auf dem Chip sind einige öfter benötigte Zieladressen bereits vermerkt. Er tippt auf die Adresse seiner Dienststelle. Unmittelbar darauf setzt sich das OLEFAZ-Fahrzeug in Bewegung und steuert selbständig die Zieladresse an.

Szenario 3 – Meiers Kinder fahren in den Kindergarten

Unmittelbar nach Herrn Meier setzt Frau Meier die beiden Kinder in ein OLEFAZ-Fahrzeug, tippt die vorgeschlagene Adresse ihres Kindergartens an und das Fahrzeug setzt sich in Bewegung. Sobald die Kinder beim Kindergarten aussteigen, bekommt Frau Meier ein Ankunfts-Bestätigungs-SMS.

Neben dem Personentransport ist bis zu einem gewissen Gewicht auch der Transport von Gütern von Paketen bis zu Möbeln und sogar Altstoffen möglich.

Szenario 4 – der automatische Paketdienst

Herr Meier benötigt dringend ein Paket von einer anderen Filiale. Unmittelbar nach der Anforderung sendet der Lieferant ein OLEFAZ-Fahrzeug mit dem Paket an die Adresse des Auftraggebers. Am Zielort angekommen kann das Fahrzeug mit einem SMS-Code entsperrt und das Paket entnommen werden.

Szenario 5 – Familie Meier kauft eine neue Coach und einen neuen Schrank

Donnerstag nachmittags kauft Familie Meier im Möbelhaus am Rande der Stadt eine Couch und einen Schlafzimmerschrank. Als Liefertermin für die Couch wird Freitag ab 15.00 Uhr vereinbart. Der Schrank wird am Montag geliefert und von Firmenmonteuren zusammen gestellt. Das Lagerbüro erhält den Auftrag, die Zustellung zu organisieren. Die Möbel sind vorrätig. Der Computer errechnet eine minimale Transportzeit von 42 Minuten vom Lager zur Wohnung in Wien-Favoriten. In der Reihenfolge der abgehenden Lieferungen wird ein OLEFAZ des Typs Lastesel mit der Couch beladen und verlässt pünktlich um 14.18 Uhr das Lager. Mit ca. 98 % Wahrscheinlichkeit trifft die Couch zwischen 15.00 und 15.15 Uhr bei der vereinbarten Lieferadresse ein. Via GPS-Signal kündigt sich die Lieferung bei Herrn Meier auf dem Handy via SMS an. Mit dem mitgesendeten Funkcode kann das Fahrzeug geöffnet und die Couch in die Wohnung transportiert werden. Am Montag erscheinen die Firmenmonteure mit ihrem Montage-OLEFAZ. Sie transportieren das Paket mit dem Kasten in die Wohnung und stellen ihn zusammen. Nach der Fertigstellungsmeldung in der Firmenzentrale werden sie automatisch zum nächsten Auftrag gelotst. Meiers alte Couch wird auf ein OLEFAZ verladen und an das städtische

Abfallsammelzentrum geschickt.

*Das System OLEFAZ bietet eine Reihe von Entwicklungs-
möglichkeiten:*

*+ Das Dach der Einhausung kann mit Photovoltaik-Modulen
ausgestattet werden.*
*+ Windkraftwerke produzieren Strom für das Verkehrsnetz. Eine
alternative Stromquelle für windflaue Zeiten ist jedoch vorzusehen.*
*+ Die Fahrzeuge können in Besitz des Netzbetreibers als auch in
Privat- wie in Firmenbesitz stehen.*
+ Auf Fahrzeugen können Werbeflächen vermietet werden.
*+ Das System lässt sich gut mit Car-Sharing und Park-and-Ride-
Anlagen kombinieren.*
*+ Die Fahrzeuge werden in festgelegten Intervallen automatisch zum
Service gerufen.*
*+ Ein System-Pannendienst kümmert sich um liegengebliebene
Fahrzeuge. Bei einer Störung ruft das Fahrzeug selbst den
Pannendienst*
*+ Ein spezielles Reinigungsfahrzeug reinigt in der verkehrsärmeren
Zeit die Fahrbahn automatisch und fahrerlos.*
*+ Neben dem automatischen Zielfindungs- und Lenksystem ist ein
verkehrsdichte-abhängiges Leitsystem sinnvoll.*
*+ Jedes Fahrzeug ist mit einem Identifikationschip und einer
Empfangsanlage ausgestattet, womit alle im Umkreis befindlichen
Fahrzeuge wahrgenommen werden können.*
+ Trassen werden bei Bedarf auch übereinander geführt.
*+ Aufgrund der Einhausung zumindest im Winterhalbjahr ist keine
Schneeräumung notwendig.*
*+ Fahrzeuge können als Cabrio- wie auch in Kabinenversion
ausgeführt sein.*
*+ Ein eigenes Service-Unternehmen sorgt für die Reinigung der
Fahrzeuge im Rahmen der Service-Arbeiten und bei Auftrag*

Szenario 6 – das verschmutzte Fahrzeug

Herr Meier ruft so wie jeden Tag sein OLEFAZ zur Arbeit. Bevor er einsteigen will, stellt er fest, dass offenbar ein Liebespärchen zuvor etwas zurückgelassen hat, das zur Benutzung des Fahrzeuges nicht unbedingt einlädt. Herr Meier liest seinen Identifikationschip ein, tippt statt seinem Dienstort das Service-Feld und einen angeführten Mangel an. Herr Meier nimmt den Chip wieder und das verunreinigte Fahrzeug fährt alleine zur nächsten Reinigungsstation. Herr Meier nimmt das nächste OLEFAZ zur Arbeit.

Mit der Errichtung eine neuen Verkehrsebene sind auch negative Auswirkungen möglich:

- Die Intimsphäre kann bei Wohnungen im ersten Stock beeinträchtigt sein.
- Menschen mit hohem Status-Bedürfnis können das wie bisher nicht mehr so gut ausleben.
- Der Autoabsatz geht in gewissem Umfang zurück.
- Der Verbrauch von Diesel und Benzin geht zurück und wird teilweise durch höheren Bedarf an Strom kompensiert.
- Die Fahrbahnkonstruktion kann zu einer Verminderung des Lichteinfalls für Räume im Erdgeschoss führen.
- Menschen leiden allgemein unter Veränderungsängsten, Neues wird in der Regel misstrauisch beäugt. „Außerdem wozu brauchen wir das überhaupt? "

Ziel der Planung muss eine weitgehende Rücksichtnahme auf die Bedürfnisse der betroffenen Menschen sein.

So es gelingt, eine ausreichende Zahl kompetenter Menschen von der Sinnhaftigkeit des OLEFAZ-Systems zu überzeugen, steht einer Umsetzung im wesentlichen nichts mehr im Wege.
Im ersten Schritt sind die technischen Fragen zu klären. Insbesondere die Zusammenarbeit mit interessierten Technischen Universitäten und

Unternehmen ist hier hilfreich. Sobald die technischen Fragen geklärt sind, besteht die Möglichkeit eine Modellanlage zu errichten. Eine solche Anlage sollte zweckmäßigerweise bereits eine praktische Aufgabe erfüllen, zb. einen Bahnhof oder einen Flughafen mit einer Sehenswürdigkeit verbinden oder dergleichen. Anfangs ist auch die Verwendung manuell gesteuerter Fahrzeuge möglich.

Nicht uninteressant ist in diesem Zusammenhang der touristische Aspekt. Ein benützbares Modell-Olefaz könnte die Nächtigungszahl um bis zu 100.000 Nächtigungen steigern. Wichtig ist auch, dass die Menschen eine gewisse Zeit brauchen, um sich mit einem neuen Verkehrssystem anzufreunden. Sobald das gelungen ist, ist es nur mehr ein kleiner Schritt zur großflächigen Umsetzung.

Abschließend erlaube ich mir, die wesentlichen Aspekte eines oberleitungsgebundenen Elektro-Fahrzeug-Systems zusammenzufassen:

+ sehr hohe Effizienz durch E-Antrieb und stationäre Energieversorgung
+ regenerative Stromerzeugung kann weitgehend berücksichtigt werden
+ ein System ersetzt Auto, Taxi, U-Bahn, Bus und Straßenbahn
+ die Fahrzeuge steuern selbständig das jeweilige Ziel an
+ in der Fahrbahn eingebaute Sensoren ermöglichen ein spurtreues Fahren
+ für die bauliche Anlage kann auch Holz als nachwachsender Rohstoff eingesetzt werden
+ durch Einhausung sind Witterungseinflüsse minimal
+ das System ist modular errichtbar und erweiterbar
+ öffentlicher Lebensraum wird wieder zurückgewonnen
+ wichtige Funktionen wie zB. die Erreichbarkeit von Einsatzfahrzeugen, der Müllabfuhr und anderen Infrastruktur-Diensten bleibt nach wie vor gewährleistet
+ in neu geplanten Stadtteilen kann der Verkehr auch ebenerdig oder

unterirdisch geführt werden
+ das neue Netz muss sich nicht zwangsläufig mit bereits
vorhandenen Hauptverkehrswegen decken
+ die Erweiterung des Verkehrsnetzes orientiert sich im wesentlichen
an der zu erwartenden Verkehrsdichte
+ die logische Anknüpfung von OLEFAZ an den Überlandverkehr
könnte ein hochflexibles Schienenbus-System sein.

Szenario 7 - New York im Jahr 2026

Das Verkehrssystem OLEFAZ erfreut sich zunehmender Beliebtheit.
Der Stadtrat von New York hat heute beschlossen, sämtliche U-Bahn-
und Straßenbahn-Trassen innerhalb von 5 Jahren ebenfalls auf das
OLEFAZ-System umzurüsten. Das Umrüstverfahren wurde wie das
OLEFAZ-System selbst in Österreich entwickelt.

auch viele autos werden heute nicht mehr selbst gelenkt. ein
selbstlenkender automatischer fahrassistent lenkt das auto selbst
zum angegebenen ziel. da der fahrer zumindest eine
kontrollfunktion ausüben muss, ist das sich-alleine-betrunken-
nach-hause-chauffieren-lassen noch nicht zulässig.

die jetzt fast kugelige form der autos war anfangs sehr
gewöhnungsbedürftig. sie bewirkt aber, dass im falle eines
überschlags das auto so lange weiterrollt, bis es wieder auf den
vier räder aufkommt. durch die batterien in der bodenplatte liegt
der schwerpunkt sehr tief, sodass es weniger oft zu einem
überschlag kommt.

da autos in der regel keine unfälle verursachen, war es logisch,
die haftpflichtversicherung an den führerscheinbesitz zu binden.
das kommt jungen fahrern nach unfällen oft teuer zu stehen und
ältere führerscheinbesitzer geben gerne ihren führerschein ab,

wenn sich die unfälle häufen oder ihre verkehrssicherheit nicht mehr gewährleistet ist.

bahn

kein vergleich zu früher ist der bahnverkehr. fahrpläne gibts nicht mehr. sie fahren einfach zum nächsten bahnhof, setzen sich in den nächsten zug für ihre zieldestination und schon gehts los. beim besteigen des zuges wird ihr zielort registriert. der zug hält nur in den stationen, wo passagiere ein- oder aussteigen wollen. die zugeinheiten sind natürlich kleiner geworden und fahrerlos. die genaue fahrzeit ist zwar nicht mehr berechenbar, aber das war sie früher ja auch nicht. reisegruppen können einen zug alleine mieten. die schieneninfrastruktur wird von einer staatlichen holding zur verfügung gestellt, der zugbetrieb ist zu 100 % privatisiert. besonders bei strecken bis 1000 km konnte die bahn erhebliche marktanteile vom flugsektor zurückgewinnen.

(fach)hochschulen

eine wichtige rolle bei der umsetzung des projektes "olefaz" spielte das österreichische universitätssystem. beschwerte man sich früher oft, die politik wolle in die universitäten hineinregieren, wurden mitte der 2010er jahre die universitäten in die absolute selbständigkeit entlassen. jede uni darf selbst über zugangsbeschränkungen, studiengebühren, personalfragen, studienangebot und dergleichen entscheiden. für die dotierung der unis wird ein nachfrageplan herangezogen, damit ausreichend viele studienabsolventen in den verschiedenen disziplinen zur verfügung stehen. zusätzliche dotierungen werden über internationale unirankings vergeben. der wettbewerb unter den unis hat ihre entwicklung zu modernen bildungsdienstleistern beflügelt.

energie

österreich ist energieauthark. ein energiemix aus sonnenenergie, windkraft und wasserkraft liefern ausreichend strom. biogas wird gereinigt in das ehemalige erdgasnetz eingespeist und zu methanol für treibstoffzwecke verarbeitet. dazu kommt ethanol aus stärke-haltigen rohstoffen und in immer geringerem ausmass pflanzenölester. die umweltpolitik war lange fruchtlos. erst als nach einer atomkatastrophe rohstoff- und energie-preise in höhen anstiegen, die vorher nicht vorstellbar waren, war der anreiz ausreichend, um wirklich das verhalten zu ändern.

positiv wirkte sich auch die weltweite **pflichtversicherung für atomkraftwerke** aus. atomkraftwerksbetreiber müssen für schadensfälle wie in tschernobyl und fukushima versicherungsbeiträge abführen. das machte atomkraft so teuer, dass es nicht mehr wirtschaftlich vertretbar war, neue atomkraftwerke zu bauen. altreaktoren mit hohem risiko und daher höheren versicherungsprämien wurden sehr rasch vom netz genommen. moderne reaktoren werden allmählich heruntergefahren und vollständig durch neue energieträger ersetzt.

inzwischen ist es gelungen, den von ernst ulrich von weizsäcker geforderten "faktor vier" doppelter wohlstand bei halbiertem ressourcenverbrauch umzusetzen. eine der wichtigsten effekte stammt aus dem hausbau. wurde 2010 nur etwa 30 % des privaten wohnbaus in holzbauweise inkl. fertighausbau errichtet, sind es heute bereits 85 %. holzhäuser brauchen für die herstellung weniger als 10 % der energie eines ziegel- oder betonbaues. zudem sind holzbauten fast durchgehend mit gut recyclebaren dämmstoffen gedämmt. bei alten kunststoff-basierten dämmungen sind heute die entsorgungskosten schon höher als die herstellung kostete.

mit dem projekt "holzservice.noe" wurde eine plattform für sehr kostengünstigen wohnraum in kontrollierter eigenbauweise geschaffen. das service versteht sich als eine art supermarkt, in der man die bestandteile zukaufen kann, die man gerade benötigt. jemand hat einen planer, aber braucht eine kellerbau-firma. jemand hat einen befreundeten zimmerer, sucht aber mondgeschlägertes holz. die wichtigste frage lautet jedoch immer: "ist die holzbauweise für mich die richtige?". wer vor dem knarren von holz oder von einer ameisen-invasion angst hat, sollte besser die beton- oder ziegelbauweise wählen. das projekt holzservice.noe wurde erstmals im jahr 2000 urkundlich erwähnt.

projekt: holzservice.noe
Bauen mit der Sonne - Bauen mit Holz

Wenngleich Holz als umweltfreundlicher Energieträger immer populärer wird, wird es als Werkstoff im Bau noch weit unter seinem Wert gehandelt. Bis ins 16. Jahrhundert war auch in unseren Breiten der Holzhausbau vorherrschend, wurde aber aufgrund des hohen Bedarfs für Energiezwecke von Lehm- und Steinbau verdrängt. Lediglich landwirtschaftliche Gebäude und Dachstühle wurden weiterhin in Holz errichtet. Immer mehr Argumente sprechen heute für den Holzhausbau. Immerhin sind bereits rund 60 Prozent der Wohnhäuser auf der Nordhalbkugel Holzhäuser. Der Wunsch nach gesundem und erschwinglichem Wohnen sowie ein darniederliegender Holzpreis forcieren den Einsatz von Holz. Neue Technologien wie der Leimbau und Planung mittels ComputerAidedDesign erlauben noch nie dagewesene Verwendungsmöglichkeiten.

was sonst noch für Holz spricht

+ Holz ist billig und ausreichend vorhanden, alleine mit den Durchforstungsrückständen ließen sich 300 000 Wohneinheiten errichten. Der hohe Schadholzanfall, Windwurf, Rauhreif und nachfrageseitig die schwache Baukonjunktur lassen den Holzpreis regelmäßig in den Keller rasseln.
+ Holz ist umgewandelte Sonnenenergie, bindet das Treibhausgas Kohlendioxid (CO_2) und ist nach Ende der Nutzung problemlos zu entsorgen. Manche konventionelle Häuselbauer wissen heute gar nicht, welche (Entsorgungs-)Last sie ihren Kindern hinterlassen.
+ Holz wird mit geringem Energieaufwand erzeugt und verarbeitet (siehe Tabelle 1). Die Wertschöpfung bleibt in der Region. Der Schnitt der Holzsortimente kann sogar mittels Mobilsäge auf der Baustelle oder am Holzlagerplatz erfolgen.
+ Der Holzbau ermöglicht eine neue Form der Direktvermarktung, die nicht auf Kosten der Bäuerin geht. Eine Zusammenarbeit mit Raumplanern, Architekten, Sägewerken und Zimmereibetrieben ist anzustreben.
+ Holz ist ein leichter, vielseitig einsetzbarer und leicht verarbeitbarer Baustoff, der auch einen hohen Eigenleistungsanteil ermöglicht.

Vorteile des Holzhausbaues

Eine alte indianische Weisheit lautet: "Wenn du gesund werden willst, dann zieh in ein Holzhaus!"

Holz ist für viele der Inbegriff für natürliches, behagliches Wohnen. Nicht umsonst ist es im Innenausbau weit verbreitet. Das Holzhaus hat eine ähnliche Lebensdauer wie ein Steinhaus und bewährt sich auch unter den schwierigen klimatischen Bedingungen Skandinaviens und Kanadas.

Der Rohstoff- und Energieaufwand beträgt nur einen Bruchteil des Aufwandes für ein Steinhaus (siehe Tabelle 2). Der Holzhausbau gibt einen wichtigen Impuls für die darniederliegende Bauwirtschaft und das Baunebengewerbe.

Holzbau ist nicht gleich Holzbau

Neben dem Rundholzbau und dem Holzleimbau haben sich sechs verschiedene Holzbauweisen etabliert (siehe Abb. 3 Systeme des Holzbaus).

Der **Blockbau** ist die Urform des Holzbaues. Probleme mit der Winddichtigkeit und mit Installationen können aufgrund des Quellen und Schwinden des Holzes auftreten. Für die Herstellung des Holzes ist hoher technischer Aufwand erforderlich.

Fachwerkbau und **Ständerbau** ist relativ kompliziert und damit der mögliche Eigenleistungsanteil eher gering.

Der **Skelettbau** setzt große Holzquerschnitte voraus und verursacht großen technischen Aufwand für Abbinden und Montage (Kran).

Der **Tafelbau** wird häufig im Fertigteilhausbau eingesetzt und gleicht im wesentlichen dem Holzrahmenbau. Die beplankten Wandelemente werden bereits im Werk vorgefertigt.

Der **Holzrahmenbau** besteht aus einer tragenden Konstruktion unter Verwendung standardisierter Holzquerschnitte (zB. 60/160 mm und 80/200 mm beim bayrischen Holzrahmenbau). Die Beplankung aussen und innen stabilisiert den Holzrahmen. Der Aufbau erfolgt etagenweise und geht üblicherweise zügig voran. So errichten etwa fünf Arbeitskräfte eine Etage mit etwa 80 m2 in einem Tag. Auch der Innenausbau oder ein eventuell später notwendiger Umbau ist rasch und einfach erledigt. Durch stumpfe Verbindungen sind weder *besondere technische Anlagen noch besondere handwerkliche Kenntnisse erforderlich. Handwerkliches Geschick ist jedoch von Vorteil.*

Bei der Planung sind keine tragende Wände notwendig. Nur Säulen im Raster von etwa 4 x 4 bis 4 x 5 m mit Unterzügen sind vom Fundament bis ins Dach durchzuführen.

Durch die 16 cm starke möglichst mit natürlichen Dämmstoffen gedämmte Außenwand wird ein Niedrigenergiehaus-Standard erreicht. Auf das 3-Liter-Auto folgt also das "3-Liter-Haus"! Durch speziellen Wandaufbau werden die notwendigen Vorgaben von Diffussionsoffenheit und Winddichtigkeit erfüllt (siehe Abb. 4). Aufgrund des niedrigen Holzpreises sind Einsparungen bis zu 50 Prozent der Rohbaukosten möglich, bei entsprechend hohem Eigenleistungsanteil und eigener Holzaufbringung können sogar bis zu 70 % der Rohbaukosten eines Ziegelhauses eingespart werden.

Bei der Innen- und Außengestaltung stehen im wesentlichen die selben Möglichkleiten offen wie beim Ziegelhaus.

Die Holzrahmenbauweise eignet sich auch für den Reihen- und Siedlungshausbau sowie den Hochhausbau. In Oberösterreich sind Holzhäuser bis zu drei, in den USA bis zu sieben Stockwerken erlaubt. Im klassischen Einwanderungsland USA hat jede Volksgruppe ihre Bauweise von Zuhause mitgebracht - der Holzrahmenbau setzte sich durch! Der Trend zum Holzhaus in Bayern und Oberösterreich ist auf die Aktivitäten des bayrischen Bio-Landwirts Hans Fritz zurückzuführen. Er "importierte" den Holzrahmenbau aus Skandinavien und Nordamerika. Mit Hilfe des Programms C.A.R.M.E.N. (Centrales Agrar-Rohstoff-Marketing- und Entwicklungs-Netzwerk, Projektträger und -förderstelle des Bayerischen Staatsministeriums für Ernährung, Landwirtschaft und Forsten), wurden Broschüren, vier Fachhefte, ein Bauplanheft mit elf Modellhäusern und dazugehörigen Planmappen sowie ein spezielles zweieinhalbtägiges Holzhausbau-Seminar erarbeitet. Letzteres wird in regelmäßigen Abständen von der Oberösterreichischen Landeslandwirtschaftskammer angeboten und ist normalerwiese hoffnungslos ausgebucht. Im Rahmen des Seminars wird das Gelernte sofort in einem Modellhaus im Maßstab 1 : 4 und in einem Gartenhaus oder einer PKW-Garage in Original-Größe umgesetzt. Da das Seminar sicherlich keine Ausbildung zum Zimmermann darstellt, ist bei der Errichtung eines Holzhauses in jedem Fall ein autorisierter Fachmann (Architekt, Zimmermann) zu Rate zu ziehen.

Gefahren für das Holz im Bau:

- Schutz vor Mäusen bietet die Montage eines Schutzgitters im Bodenbereich sowie das Einmischen von unbedenklichem Borsalz (Borax) in die Wärmedämmung.
- Schutz vor Verfaulen gewährleistet "konstruktiver" Holzschutz, d. h. kein Holz in Bodennähe, Holzfassaden und andere nässeempfindliche Stellen ausreichend hinterlüften
- Feuerschutz: Brandschutzvorschriften einhalten, feuersicher bauen

Mit der Begründung mangelnden Feuerschutzes wird in manchen Bauordnungen Holz als Baustoff regelrecht diskriminiert. Da Holz dem Feuer sogar länger widersteht als beispielsweise Stahl, ist diese Diskriminierung nicht gerechtfertigt. In einigen Bundesländern wurde deshalb das Holz in den Bauordnungen bereits entkriminalisiert, zumal höhere Brandschutzansprüche durch höhere Holzquerschnitte und neue Bauweisen erfüllbar sind.

Manche Versicherungen verrechnen höhere Prämien für Holzhäuser. Da die Feuerversicherung nur einen Teil der üblichen Haushaltsversicherung ausmacht, fällt die höhere Prämie nur bedingt ins Gewicht.

In Deutschland wird Holz häufig von Ziegel- und Zementherstellern unter vielen Vorwänden angefeindet. Die schrumpfende Bauwirtschaft und der befürchtete Verlust von Marktanteilen haben zu einer üblen Hetzkampagne geführt. Leider ist der private Hausbau durch die hohen Kosten an den Rand der Finanzierbarkeit geraten. Erhebliche Einsparungen durch Holzrahmenbauweise im Wohnbaubereich ermöglichen also auch jenen ein eigenes Haus, die weniger gut betucht sind. Holzwohnbau führt also zu einer zusätzlichen Belebung des Baumarktes. Nicht zuletzt benötigt auch ein Holzhaus ein Fundament bzw. einen Keller, ein Dach sowie die gesamte Innenausstattung.

Zusätzliche Impulse erfahren auch Sägereibetriebe (evtl. als bäuerlicher Zuerwerb), Zimmereien und flexible Forstwirte, die entsprechende Sortimente anbieten können. In einer Art landesweiter Holzbörse können Produkte und Dienstleitungen wie Beratung, Mithilfe, Planung, Holzschnitt, Holzverarbeitung, Montage, bestimmte Holzsortimente, evtl auch Holzfertigprodukte und verschiedene zusätzlich benötigte Baustoffe angeboten und von Interessenten abgefragt werden.

Zur Vollendung ökologischen Wohnens fehlt jetzt nur noch eine umweltfreundliche Heizung, beispielsweise Solaranlage und Holzheizkessel oder ein Anschluß an das örtliche Fernwärmenetz (wo vorhanden!). Sollten Sie weitere Informationen wünschen, so wenden Sie sich bitte an mich (Adresse siehe oben), direkt an Herrn Hans Fritz, Stetten 4, D-83253 Rimsting oder an die OÖ. Landeslandwirtschaftskammer, Auf der Gugl 3, 4020 Linz..

Tabelle 1: Energieaufwand für die Herstellung von einer Tonne Baustoff

Baustoff	Energiebedarf in kWh pro Tonne
Lehm	0 – 2,5
Bauholz	50 - 75
Isofloc	120
Kalksandstein	250
Normalbeton	250 - 300
Hochlochziegel	450
Dachziegel	550
Gasbeton	750
Zement	1 000
Kalk	1 200
Glas	6 000
Kunststoffe	8 200 - 20 000
Aluminium	72 000

Quelle: Fachheft "Ökologischer Holzrahmenbau"

Tabelle 2: Vergleich Energieaufwand für die Herstellung und Gewicht in Bezug auf die Bauweise (Haus 8m breit, 10 m lang, 2 Etagen), ohne Dachziegel und Putz (weil identisch)

	Holzhaus	Hochloch-ziegelhaus	Gasbeton-ziegelhaus
Gewicht	25.1 t	158.8 t	122.8 t
Energie-aufwand	0.93 MWh	62.11 MWh	56.71 MWh

Quelle: Fachheft "Ökologischer Holzrahmenbau"

holzhäuser haben sich zudem als erdbeben-, jedoch nicht als tsunami-sicher herausgestellt. im falle einer flutwelle könnte es schon mal passieren, dass ein solches haus einfach davonschwimmt. auch bei gasexplosionen sind holzhäuser wesentlich stabiler, da holz gegenüber ziegel auch auf zug beanspruchbar ist und eine gewisse elastizität aufweist. vielfach wird ins treffen geführt, dass holz brennt. holzhäuser erfüllen die selben brandnormen wie andere bauweisen. bei f30 ist ein brandwiderstand von 30 minuten gegeben. im falle eines zimmerbrandes können in wenigen minuten schon temperaturen von 1000 grad erreicht werden. nach 15 minuten brandeinwirkung ist ein ziegel-haus ebenso abbruchreif. wenngleich das feuerargument lange gegen den holzbau ins treffen geführt wurde, hat es doch dazu geführt, dass heute in allen gebäuden wesentlich bessere aktive und passive brandschutzvorrichtungen installiert sind.

gesundheit

holzbau schützt klima und gesundheit. letztere wurde immer wieder neuen bedrohungen ausgesetzt. die zunehmenden ozonlöcher hatten zb. immer mehr uv-licht durchgelassen, worauf immer mehr menschen und tiere fast erblindeten. in der folge wurde dem menschen klar, dass er sein verhalten wirklich ändern musste, sonst wäre er möglicherweise vertreter der letzten menschheits-generation gewesen.

schien in den 2000er-jahren das gesundheitssystem noch unfinanzierbar, hatte man es inzwischen auf stabile beine gestellt. krankenhäuser gibts nicht mehr, nur mehr gesundungszentren. jedes hat sich auf bestimmte aufgaben spezialisiert und betreibt neben ambulanz und bettenstation auch einen pflegebereich, damit die betten flexibler genutzt werden können. man entdeckte, dass im gesundheitssystem wohl die interessen der spitalserhalter, der ärzte, der gesundheitsversicherung und der pharmafirmen sehr gut vertreten waren, die interessen der patienten und beitragszahler, die im wesentlichen das ganze system finanzieren, jedoch nicht. es gab zwar patientenanwälte, aber wer den brauchte, bei dem war das problem schon akut.

im rahmen der gesundheitsstrategie 2018 werden in der feldforschung lebensumstände und krankheitsfälle analysiert und daraus vorsorgeprogramme entwickelt. in wenigen jahren konnte dadurch die zahl der dauerpflegepatienten und demenzerkrankungen stabil gehalten werden. in einzelbereichen ist die zahl der neuerkrankungen sogar rückläufig.

standardmäßig wird bei bestimmten diagnosen ein radiästhet zur verfügung gestellt, der mögliche schädliche geopathogene einflüsse mutet. im falle konfliktverursachter erkrankungen werden patienten in sog. pflegewohnungen untergebracht, um krankheiten geschützt ausheilen zu lassen.

auch die eigenverantwortung wird heute groß geschrieben. mindestens einmal jährlich wird bei einem arztbesuch das körpergewicht erfasst und einfache vorsorgetests gemacht. je früher ein gesundheitliches problem erfasst wird, umso eher kann der mensch lernen, mit dem problem umzugehen oder gegenstrategien entwickeln. die ergründung psychischer ursachen ist wichtiger teil der persönlichen gesundheitsstrategie.

patienten können heute unter mehreren therapien wählen. jedem protagonisten einer therapie steht die möglichkeit zur verfügung, seine therapie überprüfen zu lassen. ist sie zumindest gleich effizient wie herkömmliche standardtherapien, wird sie dem patienten als alternative angeboten.

die gesundheitskassen analysieren genau die effizienz medizinischer massnahmen. alle vorsorgemassnahmen, die sich rechnen, d.h. die vorsorge weniger kosten verursacht als die behandlung der folgen, werden von vorneherein gratis angeboten.

mit der eröffnung eines sozial- und steuer-kontos und der abführung der all-in-flat-tax ist jederfrau und jedermann automatisch gesundheits- und pflege-versichert.

soziales - flexible mindestversorgung und sozial-sonderwohn-programm

einer der wichtigsten ursachen für krankheit war früher armut. durch eine flexible mindestversorgung und ein sozial-sonderwohn-programm konnte armut und existenzangst schon vor jahren ausgerottet werden. je nach situation stehen jedem bürger zwischen eur 450,- und 700,- pro monat (inflationsbereinigt bezogen auf das jahr 2011) zur verfügung. eur 450,- sind an keine besonderen bedingungen gekoppelt.

viele wirklich notleidende trauten sich früher aus scham nicht um sozialhilfe anzusuchen. andere wiederum nutzten alle möglichkeiten und versuchten sozialleistungen mit wenig arbeitsaufwand zu optimieren. das war nicht fair.

weiters steht eine wohnmöglichkeit um etwa eur 350,- pro monat in einer art vollpensionslösung zur verfügung. dieses sozial-sonderwohn-programm bietet je nach lage 16 bis 32 qm wohnraum in alt- und neubau-varianten. damit hat jeder österreicher ein dach über den kopf, genug zu essen, eine feste adresse und in der folge ein nicht überziehbares bankkonto. auch die gesundheitliche mindestversorgung ist gewährleistet. somit konnte armut und existenzangst als häufige ursache von krankheit und leid schon vor jahren ausgemerzt werden.

die flexible mindestversorgung sieht vor, dass der empfänger beliebig viel dazuverdienen kann. bis zu 700,- euro gesamteinkommen wird nichts einbehalten. von eur 700,- bis eur 1400,- wird die hälfte des zuerwerbes einbehalten. jemand erhält zb. eur 450,- mindestversorgung. er verdient sich eur 750,- dazu. von insgesamt eur 1.100,- abzüglich eur 700,- bleiben eur 400,-, wovon eur 200,- im kommenden monat einbehalten werden. insgesamt muss nicht mehr zurückgezahlt werden als jemand vorher bekommen hat.

in existenznot geratene haus- und wohnungsbesitzer haben die möglichkeit, ihr wohnobjekt gegen bares in form eines einmalerlages oder einer rente in eine **wohnstiftung** einzubringen. das nutzungsrecht des objektes bleibt auf lebenszeit wie bei eigentum aufrecht und fällt nach dem ableben der wohnstiftung zu. wozu soll jemand lange zeit für ein wohnobjekt sparen, das er nach seinem ableben ohnehin nicht mehr braucht? möglicherweise ist die person kinderlos oder die kinder haben sich eigenen wohnraum geschaffen und enkel haben an dem objekt kein interesse. oder ein kinderloses ehepaar widmet die rentenleistung zb. der aktion "menschen für menschen".

seit zehn jahren setzt sich ein neuer trend durch. wenn sie nicht ein leben lang an eine eigentumswohnung gebunden sein wollen, wählen sie **flexibles wohnungseigentum**. sie kaufen eine wohnungseigentumseinheit und können innerhalb der organisation den wohnstandort wählen. während des studiums wohnen sie in wien. für ein praktikum ziehen sie ein jahr nach salzburg. die liebe verschlägt sie nach graz. dort beziehen sie eine geräumigere wohnung mit kinderzimmer. nach der scheidung ziehen sie nach innsbruck. ihre pension genießen sie in der freien natur in st. johann.

arbeit und arbeitslosigkeit

im arbeitsleben ist vieles nicht mehr wieder zu erkennen. neben alten dienstverhältnissen, nunmehr L14 genannt, kann frei das **beschäftigungsmodell L12** (12 monatsgehälter bei 6 wochen urlaub) oder das modell **L11** (gehalt pro tatsächlich gearbeiteter stunde) gewählt werden. das modell L11 hat sich insbesondere bei menschen mit höherem krankheitsrisiko bewährt. sie fanden mit dem alten beschäftigungsmodell praktisch keine arbeit mehr. die tarife der varianten L12 und L11 sind dementsprechend höher. das jahreseinkommen ist bei gleicher arbeit bei allen modellen ziemlich ident.

ziel der **dynamischen urlaubs-krankenstands-regelung** war die belohnung von besonders zuverlässigen mitarbeitern. wer weniger als fünf tage im jahr im krankenstand ist, bekommt die differenz auf fünf tage als zusätzlichen urlaub gutgeschrieben. gleichzeitig wurde der urlaubsanspruch um eine woche oder fünf arbeitstage auf sechs wochen erhöht. in der praxis werden die ersten fünf krankenstandstage als urlaub verbucht. eine allfällige kontrolle durch die sozialversicherung ist in dieser phase nicht notwendig.

in der **arbeitslosenversicherung** können menschen heute zwischen der traditionellen variante und einer anspar-variante auswählen. in der anspar-version werden die arbeitslosen-versicherungsbeiträge auf ein konto einbezahlt und können im falle des jobverlustes aufgebraucht werden. in diesem fall steht die gesetzliche mindestversorgung ebenfalls zu. nicht verbrauchte guthaben können zb. in eine zusatzpension umgewandelt werden. besonders bei leistungsorientierten bürgern hat sich die anspar-variante als interessante alternative herausgestellt.

das **arbeitsmarktservice** hat sich als effiziente dienstleistungs-organisation bewährt. sobald jemand die beschäftigung verliert oder sich beruflich verändern will, wird eine grundanalyse durchgeführt. je nach situation wechselt der interessent in das **ams-eigene leiharbeits-service**, in ein kombiniertes **arbeits-weiterbildungs-projekt** oder bei psychischen problemen in ein **arbeits-therapie-projekt**. während professionelle leiharbeitsfirmen kein interesse haben, ihre mitarbeiter an ihre auftraggeber zu verlieren, ist das ams-eigene leiharbeits-service bestrebt, möglichst viele mitarbeiter auf dauer an neue arbeitgeber weiterzuvermitteln.

im arbeits-therapie-projekt werden menschen mit psychischen problemen in einem geschützten umfeld soweit wieder psychisch aufgebaut und mit aufgaben betraut, bis eine eingliederung in das normale arbeitsleben wieder möglich ist. insbesondere schwer vermittelbare klienten werden im bundesheer, in krisenvorsorge-projekten, bei sozial- und rettungs-diensten eingesetzt. die klienten müssen von den einsatzstellen als qualifiziert anerkannt werden und können bei einem mangel an qualifikation die beschäftigung auch ablehnen.

in teilen der privatwirtschaft und im öffentlichem dienst wurden **bestellungskommissionen** installiert, die ab einer gewissen funktionsebene eine faire vergabe von positionen gewährleisten.

im öffentlichen **vergabe- und beschaffungs-bereich** wurde das billigstbieter-prinzip durch eine **börsemäßige vergabe** ersetzt. besonders in der baubranche mussten gefährdete unternehmen billig genug anbieten, um an aufträge zu kommen. in der folge gingen die unternehmen oft pleite. lohnausfall, steuerausfall und forderungs-verluste bei lieferanten führten zu erheblich mehr kosten als sich der staat oder der staatsnahe auftraggeber vorher durch das billigstbieter-prinzip erspart hatte.

asyl und zuwanderung

die zuwanderungs-situation hat sich in den letzten 15 jahren vollständig geändert. in unmittelbarer nachbarschaft wie in fast ganz europa gibt es fast keine arbeitskräfte im niedriglohnbereich mehr. das führte zu einer massiven mangelsituation u.a. im pflegebereich. für aufgaben, die früher von tschechen, slowaken, ungarn und rumänen erledigt wurden, werden nun menschen aus entwicklungsländern angeworben und in befristeten arbeitsverträgen für bestimmte aufgaben zb. pflegeleistungen eingesetzt. auswahl und grundausbildung erfolgt im ursprungsland. nach ablauf des verpflichtungszeitraumes können die menschen ihre arbeitsvereinbarung verlängern oder ausgebildet und erfahren mit ihrem ersparten in ihrer heimat eine neue existenz aufbauen. auch das hat sich als eine form der entwicklungshilfe bewährt.

typische asylwerber gibt es fast nicht mehr. sollte sich ein
potentieller asylwerber nicht an gewisse strenge anforderungen
halten, wird er in sehr kurzer zeit in seine heimat überstellt.
nicht wenige asylwerber heuern bei heimischen firmen an,
bringen ihre kompetenzen zb. sprache oder vor-ort-kenntnisse
ein und arbeiten für diese unternehmen wieder in ihrer heimat
oder in einem ähnlichen land.
fähigkeiten und kompetenzen von asylwerbern wurden sehr
lange ignoriert. heute werden sie erfasst und kontakte zu
möglichen interessenten hergestellt.

sicherheit

sicherheit ist schon lange keine alleinaufgabe der exekutive
mehr. infolge der früher auffällig hohen einbruchskriminalität
hatte sich ein sicherheitsverein namens bürger-miliz gebildet.
der name klingt militant, er sollte auch abschreckend wirken.
der verein übernimmt ehrenamtlich sicherheitsaufgaben, zb. ein
sicherheitsaudit, ein warn-sms-system, ein kurzfristiges
informationssystem und diverse beratungsleistungen. was nutzt
es beispielsweise, wenn ein potentieller zeuge von einer tat erst
eine woche später in der zeitung liest? die installierung von sog.
"hilfs-sheriffs" hat sich nicht bewährt und wurde deshalb wieder
eingestellt. die kriminalität hat sich inzwischen im aktiven
vereinsgebiet fast auf normales niveau reduziert.

politik

rahmenbedingungen und der zugang der bürger zur politik haben sich grundlegend geändert. für sitze im landtag und im nationalrat kann sich jeder bürger bewerben. in einer art vorwahl muss jeder bewerber eine mindestanzahl an stimmen für die kandidatur bei der wahl erreichen. eine bindung an eine partei ist nicht mehr notwendig. das system wird auch nicht mehr als parteiendiktatur empfunden. parteiunabhängige mandatare können aber eigene clubs bilden oder bestehenden beitreten.

die reduzierung des nationalrates auf 123 abgeordnete hat sich bestens bewährt. auch die landtage wurden fast halbiert. warum sollte der staat auch politische mandatare durchfüttern, die vorwiegend parteiarbeit leisten. wenn schon die meisten entscheidungen in brüssel gefällt werden, kann man die zahl der politischen funktionäre entsprechend reduzieren.

forum zukunft österreich

parteien beschäftigen sich früher wie heute in der regel mit sich selbst. wichtig sind marktanteile, zb. umfragewerte und wahlergebnisse, das sichern und erwerben von macht und einfluss sowie das erzeugen eines für den wähler positiven images, meist durch heruntermachen der mitbewerber. die entwicklung eines landes und der gemeinsame versuch wichtige zukunftsentscheidungen zu treffen, spielen wenn schon eine untergeordnete rolle. dafür wird mit jeder noch so kurzsichtigen aktion versucht, politisches kleingeld umzumünzen.

da sich die politik als unfähig herausstellte, langfristige strategien für ein land zu entwickeln, formierte sich ein forum zukunft österreich. im forum sammelten sich fachleute von berufswegen, zb. aus dem rechnungshof, von wirtschaftsforschungsinstituten, vordenker und strategen, um zukunftsprojekte zu entwickeln, auszuformulieren und sie so zu präsentieren, dass die politik nicht mehr an einer umsetzung vorbei kann. zwar versuchte das forum anfangs, sich als politische partei zu formieren, das bewährte sich allerdings nicht. die erwartungshaltung der menschen gegenüber politischen parteien war so negativ, dass eine gedeihliche entwicklung des projektes nicht möglich war. seit jahren bewährt sich die fallweise zusammenarbeit mit einzelnen politischen fraktionen, die anträge bei bedarf ins parlament bringen. mit jedem antrag startet eine breite informationswelle, die von den menschen äußerst positiv aufgenommen wird. endlich wissen die bürger, worum es geht und was die wirklichen hintergründe für strategische zukunfts-entscheidungen sind.

politische arbeit konzentriert sich in der regel auf kurzfristige erfolge und feuerwehr-massnahmen. gehandelt werden muss dort, wo es brennt. wer immer nur mit dem löschen beschäftigt ist, wird kaum eine sinnvolle brandschutz-strategie entwickeln können. wenn sich politik nur mit reparieren beschäftigt, darf sie sich nicht wundern, dass sie überall ankommt, nur nicht dort, wo sie hinwollte. die mittel- und langfristige zielarbeit des forums hat sich als gute ergänzung zum politischen tagesgeschäft der parteien herauskristallisiert.

das forum ist offen für jedermann. wer immer eine idee hat, ein problem sieht oder irgendwo verbesserungsbedarf, kann sich an diese organisation wenden. ideengeber werden in das jeweilige projekt bis zum abschluss integriert. damit sollte politischem ideendiebstahl ein riegel vorgeschoben werden, der in der vergangenheit immer wieder zu enttäuschung und rückzug interessierter und motivierter bürger führte. man könnte das forum zukunft österreich auch als eine logische strategische weiterentwicklung der sozialpartnerschaft der 80er und 90er jahre des vorigen jahrhunderts betrachten.

ein besonderer service des forums ist die **folgekostenschätzung von wahlversprechen**. jedes wahlversprechen wird bewertet und in form eines finanzierungsbedarfes nach der nächsten wahl dargestellt. auch der bereich **politik-folgen-schätzung** hat sich bestens bewährt. jeder gesetzesentwurf wird nach der pmi-methode (plus-minus-interessant) auf chancen, risken und änderung des menschlichen verhaltens untersucht. so manche steuerpläne wurden in der folge schneller verworfen als sie publik gemacht wurden. inzwischen geben verfassungs- und verwaltungsgerichtshof bereits vor beschluss eines gesetzes ihren kommentar betreffend möglicher rechtskonformer umsetzung ab.

österreich bilanziert seit etwa 2020 mit einem ausgeglichenen budget. lediglich sog. zukunftsinvestitionen mit einer entsprechenden nutzungsdauer dürfen langfristig finanziert werden. im "gewöhnlichen geschäftsbetrieb" dürfen keine verluste auftreten. ein gesunder organismus lebt nicht auf kosten der substanz. sobald ein verlust absehbar ist, fordert das forum zukunft österreich massive einsparungen samt rasch umsetzbaren maßnahmen ein. die werden von der politik als derart unangenehm empfunden, dass man sich die "ratschläge" gerne von vornherein erspart.

landwirtschaft

die zahl der landwirtschaftlichen betriebe hat sich stabilisiert. zwar werden betriebe nach wie vor aufgegeben, allerdings werden ähnlich wie in der wirtschaft wieder betriebe neu angesiedelt. arbeitsplätze in der landwirtschaft sind inzwischen genauso wertvoll wie in jedem anderen wirtschaftsbereich auch.

das förderungssystem honoriert neben umwelt- auch klimaschutz-leistungen. die betriebsprämie hat sich schon vor einiger zeit als nicht mehr haltbar herausgestellt. an ihrer stelle ist eine **dynamische agrarförderung** getreten, die sich an erzielbaren produktpreisen und kosten orientiert. sind die preise ausreichend hoch, wird nichts gefördert. sind die marktpreise niedrig und wird in einer standard-kostenrechnung ein verlust ausgewiesen, werden 80 % dieses verlustes auf dem versicherungswege ersetzt. die kostenrechnung ist so angelegt, dass für die betriebe kein tatsächlicher verlust entsteht. damit ist jedoch ein anreiz verbunden, auf nachfrage- und überschuss-situationen flexibel zu reagieren.

die flächendeckende erhaltung der kulturlandschaft wird mittels bewirtschaftungs-prämien gesichert. sobald flächen nicht mehr kostendeckend genutzt werden können, wird eine prämie für die erhaltung der kulturfläche bezahlt.

eine massive reduzierung der agrarbürokratie hat dazu geführt, dass sich die subventions-optimierenden betriebsführer allmählich aus der landwirtschaft zurückgezogen haben und für unternehmerisch agierende jüngere bäuerliche unternehmer ein interessantes betätigungsfeld geboten wird.

mehr als 90 % der milch wird über das austria-milch-board vermarktet. die erzeuger-organisation sorgt für die preisbildung nach dem börse-prinzip und organisiert die milchlieferung effizient mengen- und transport-optimiert bis zu den molkereien. überschussmilch wird an den bestbietenden tiermäster verkauft und damit eine missbräuchliche in-verkehr-bringung als konsummilch verhindert. damit ist ein milchpreis im rahmen von 35 bis 50 cent pro liter gewährleistet.

aufgrund immer wiederkehrender mangelversorgungen wurden mindestlagerhaltungen eingeführt. das prinzip der krisen-mindest-eigenversorgung hat sich weltweit durchgesetzt. jede region hat ein grundrecht auf schützbare eigenversorgung.

lebensmittelskandale gibt es immer noch. die tatsächliche gefährdung nimmt jedoch stetig ab. nach wie vor werden die menschen regelmäßig verunsichert, tätsächlich verbessert sich die lebensmittelsicherheit konstant seit mehr als 30 jahren. trotz vieler kampagnen und warnungen waren die lebensmittel noch nie so sicher wie heute. für die latente beunruhigung ist auch die stetige verbesserung der analysemethoden verantwortlich. man kann immer kleinere mengen und immer mehr substanzen in immer mehr lebensmitteln nachweisen, obwohl die tatsächliche belastung in der regel rückläufig ist. man tut der sache nach wie vor nichts gutes, wenn man in bioprodukten ein pflanzenschutzmittel nachweist, das vor 70 oder 80 jahren eingesetzt wurde. die diskussion über manche nachweisbare substanzen hat bestenfalls homöopathische wirkung auf die gesundheit.

tierschutz

die tierschutzorganisationen können auf eine erfolgsgeschichte zurückblicken. 2012 ist es gelungen, greifvogelschauen in österreich zu verbieten. 2018 wurde das reiten sowie jedwede nutzung von pferden verboten. wie kommt denn auch ein armes pferd dazu, dass es menschen durch die gegend trägt oder einen pferdewagen zieht.

2023 wurde die traditionelle jagd mit schusswaffen verboten. damit war die letzte große kontaminationsquelle für blei geschlossen worden. wildtiere dürfen nur mehr nach einholung eines gutachtens eines wildtierökologens mit einem narkosegewehr betäubt, eingefangen und in einem freigehege einer tierschutzorganisation wieder ausgesetzt werden. zugleich ist es dem waidwerk gelungen, das wildern als weltkulturerbe anerkennen zu lassen und damit den fortbestand als brauchtum zu sichern.

religion

der anteil der gläubigen katholiken ist auf einen erneuten tiefststand gesunken. andererseits wird immer mehr menschen bewusst, dass es verschiedene wege gibt, sich mit den themen gott und glauben auseinanderzusetzen. die frage nach dem sinn scheint ein grundbedürfnis zu sein. je mehr angestammte religions-gemeinschaften hier keine antwort geben können, umso mehr stehen andere "sinn"-geber zur verfügung.

auch die tendenz, dass sich ein gläubiger einer religions-gemeinschaft unterwerfen muss, hat zu sinkenden gläubigenzahlen geführt. die wachsenden gruppierungen sehen sich vielmehr als begleiter, soziales netzwerk und lebenshilfe für die menschen. vielleicht auch als eine art versicherung, wenn es jemand schlecht gehen sollte.

insgesamt hat sich ein bewusstsein durchgesetzt, dass jede religionsgemeinschaft, die sich für ein friedliches zusammenleben der menschen einsetzt, hier ihre existenzberechtigung hat.

Gefahr in Verzug

Dieses Buch wurde in sehr kurzer Zeit geschrieben. Man möge mir den einen oder anderen (hoffentlich nicht zu viele) Fehler verzeihen. Im Zuge eines Wettbewerbes reichte ich 2010 mehrere Projekte mit überwiegend öffentlichem Interesse ein. Zuvor fragte ich beim Veranstalter an, ob diese Art von Ideen überhaupt sinnvoll für diesen Ideenpreis ist. Die Einreichung wurde befürwortet. Die Reaktion auf die eingereichten Projekte war vorerst praktisch Null. Erst im Zuge der Preisverleihung entstanden die ersten Zweifel, die Projekte seien gar nicht in den Bewerb aufgenommen und der Jury vorgelegt worden. Einige Zeit später mehrten sich die Indizien, die eingereichten Ideen könnten stattdessen in einer politischen Gruppierung gelandet sein, die dem Veranstalter nahe steht. Vor die Wahl gestellt, die Ideen von dieser Gruppierung, der ich nicht nahe stehe, klauen zu lassen oder etwas dagegen zu unternehmen, musste rasch eine Entscheidung fallen. Was kann ich dagegen tun? Wie kann ich ein solches Projekt sinnvoll und öffentlichkeitswirksam umsetzen? Nach einigen Tagen Überlegung und einer Woche Sammlung, Sortierung und Verfassung dieses Buches konnte nun dieses Sammelsurium an

Ideen und Projekten über den books-on-demand-Verlag in Norderstedt veröffentlicht werden. Die Art der Veröffentlichung hat auch den Vorteil, dass Korrekturen und Ergänzungen anders als bei üblichen Verlagen rasch umgesetzt werden können.

Ich hoffe, Ihre Erwartungen in dieses Buch erfüllt zu haben. Ich erhebe keinen Anspruch auf Vollständigkeit. Die im Buch angeführten Projekte sind selbst erarbeitet. Ich schließe jedoch nicht aus, dass andere Menschen ähnliche Problemlösungen entwickeln bzw. entwickelt haben. Anregungen und Ergänzungen nehme ich gerne unter stratem@gmx.net entgegen.

Wenn über die Zukunft nachgedacht wird, ist meist von Gefahren, Bedrohungen und negativen Entwicklungen die Rede. Kaum jemand redet von Chancen und Entwicklungsmöglichkeiten. In diesem Sinne verstehe ich dieses Buch auch als einen Beitrag für das Prinzip Hoffnung.

Der Autor

Hans Kreimel, geboren im Jänner 1965

Volksschule, Hauptschule, HLBLA Francisco Josephinum in Wieselburg, 1984 Matura

Präsenzdienst 1985, seit 09/1985 hauptberufliche Beschäftigung als Landwirt, Forstwirt und Bioobstbauer

Ab 1985 Besuch der Schulungsprogramme der Nö. Landjugend, des Nö. Landesjugendreferates, der Österreichischen Volkspartei, der ökosozialen Bauernakademie, der BUS Bauern- und Unternehmerschulung sowie vieler agrarischer Fachkurse, unter anderem zwei Trainerausbildungslehrgänge und Ausbildung zum Wünschel-Rutengeher.

Tätigkeit als Umweltgemeinderat von 1990 bis 1995. Danach Kooperation mit mehreren politischen Organisationen im Bereich Strategie und Innovation.

Seit 1997 Geschäftsführer der FWG Fernwärmeversorgung Hürm regGenmbH, derzeit Vorstandsmitglied und Schriftführer in ca. 5 Vereinen, Organisationen und Unternehmen.

Seit dem Jahr 2000 intensive Auseinandersetzung mit den Themen "Strategie" und "Innovation" und Begründung von "stratem - büro für strategisches management".

Im Zuge des Wettbewerbes "Ideenreich.at" im Zeitraum 2003 bis 2005 konnten ca. 200 Ideen und Projekte eingereicht werden.